상상을 세상으로 꺼내는 마법의 주문

코드위즈로 배우는
창의 코딩 세상

상상을 세상으로 꺼내는 마법의 주문
코드위즈로 배우는 창의 코딩 세상

초판 1쇄 발행 3월 27일

지은이 이우정, 이현정
펴낸이 아이씨뱅큐
펴낸곳 아이씨뱅큐
출판등록 제2020-000069호

디자인 이현
편집 이현
검수 우지윤, 한장희
마케팅 심은주

주소 서울특별시 금천구 두산로 70 현대지식산업센터 A동 2301호 아이씨뱅큐
전화 1877-6877
팩스 02-2098-9393
이메일 shop@icbanq.com
홈페이지 www.ICBANQ.com

ISBN 979-11-972615-4-1(13550)
값 18,000원

ⓒ 아이씨뱅큐 2023 Printed in Korea

잘못된 책은 구입하신 곳에서 바꾸어 드립니다.
이 책의 전부 또는 일부 내용을 재사용하려면 사전에 저작권자와 펴낸곳의 동의를 받아야 합니다.

빛의 시작은 RGB이고, 즐거움의 끝은 코드위즈입니다

이우정, 이현정, 아이씨뱅큐 지음

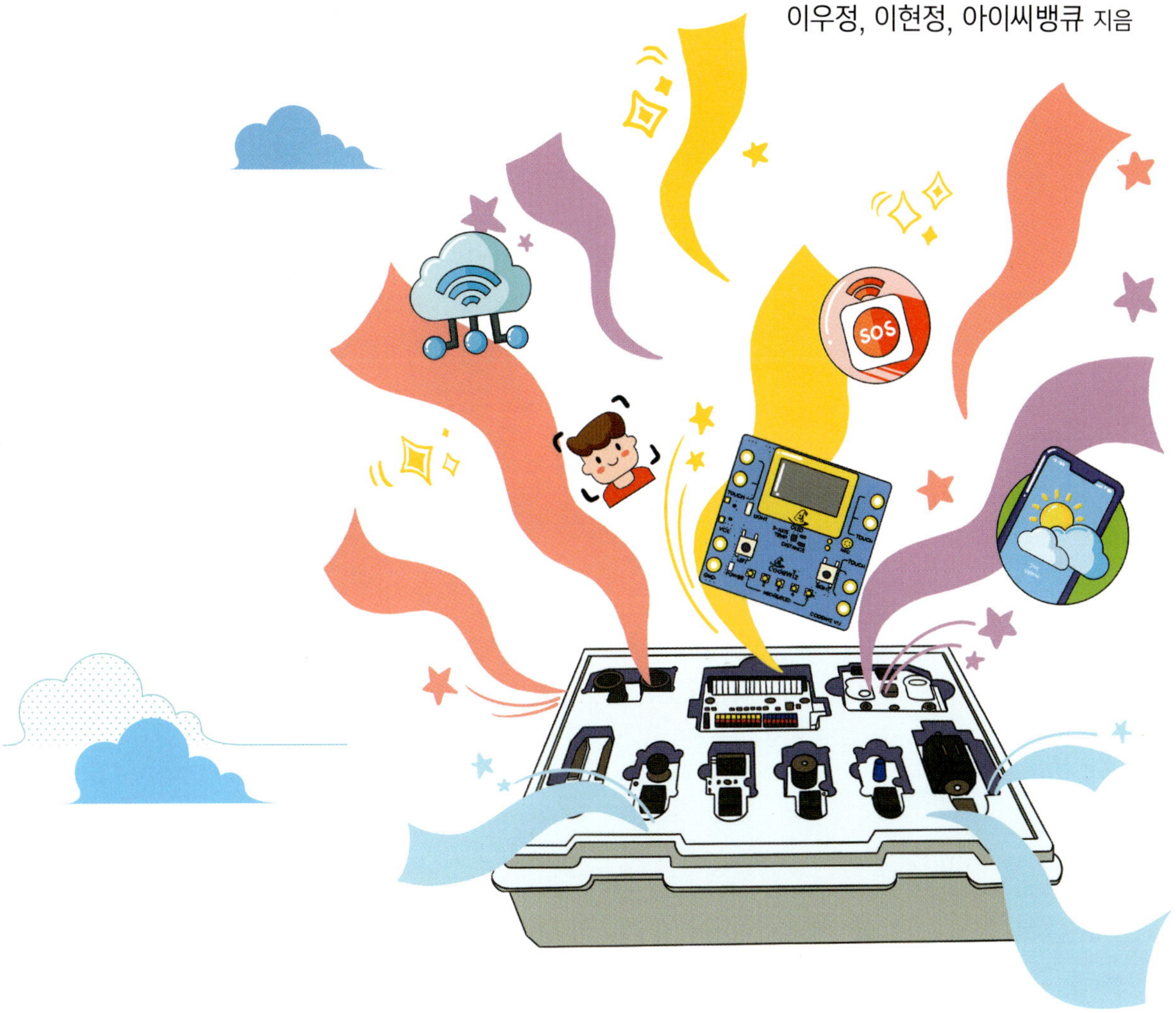

상상을 세상으로 꺼내는 마법의 주문

코드위즈로 배우는
창의 코딩 세상

머릿글

"상상을 세상으로 꺼내는 마법의 주문"이라는 타이틀처럼 코드위즈는 학생들을 위해 좀 더 재미있고, 흥미롭게, 의미 있는 SW를 교육하기 위해 개발되었습니다. 처음 블록코딩을 배우고 화면 속의 캐릭터가 말을 하고 움직이고 소리를 내는 등 학생들은 우와! 감탄하며 신기함을 나타냅니다.
그 뒤 자연스럽게 내 손으로 움직일 수 있는 피지컬 컴퓨팅을 다양한 교구를 통해 접하게 되면서, 직접 내가 만든 코딩이 교구와 연결되며 인터렉션 하는 것을 경험하게 된 학생들은 더 큰 환호성을 보여줍니다.

저는 아두이노를 매우 좋아합니다. 내가 상상하는 대로 제약받지 않고 자유롭게 제작할 수 있기 때문입니다. 그러나 처음 피지컬 컴퓨팅를 접하는 학생들에게 아두이노의 회로연결은 너무 높은 산을 오르는 것과 같습니다. 교육자인 제가 어린 연령의 아이들에게 아두이노를 교육한다는 것은 결코 쉬운 일이 아닙니다. 매번 교육 때마다 복잡한 회로를 연결하고 전자회로의 원리를 알려 주기 위해 많은 노력을 기울여야 합니다.

코드위즈는 이런 아두이노의 복잡한 회로 연결 없이도 다양한 센서와 엑츄에이터를 한 손바닥 안에 들어오도록 작은 크기 안에 구현하였습니다. 또한 Extension 보드를 확장하여 아두이노처럼 다양한 센서를 연결하여 사용 가능하도록 제작되었습니다.

손을 움직이고 메이킹을 하는 것은 모든 사람의 본능입니다. 코딩 및 인공지능, 메타버스에 이르기까지 빠른 속도로 발전하는 세상 속에서 아이들은 문제를 제대로 인식도 하지 못한 채 살아가고 있습니다. 저는 이런 아이들에게 어떤 문제가 발생될 때 스스로 자신의 문제를 인식하고 해결하는 방법을 알려 주고 싶었습니다.

이 책을 통해서 아이들이 흥미를 잃지 않으며, 놀이와 게임처럼 재미있는 주제로 문제를 자연스럽게 해결해 나가기를 바라는 마음을 담아 주제를 선정하였습니다. 한 단계씩 계단을 밟아 오르듯 처음 피지컬 컴퓨팅을 접하는 아이들도 무리 없이 학습할 수 있는 단계부터 이미 경험한 아이들도 다른 알고리즘으로 문제를 해결할 수 있는 응용 단계까지, 챕터마다 기본 코드와 응용 코드를 모두 담았습니다. 간단한 동작 영상을 통해 실제 문제 해결 결과를 확인하며 새로운 아이디어부터 해결하는 과정까지 모든 것을 융합할 수 있는 사고력을 기를 수 있고, 그 속에서 SW와 AI의 필요성과 가치를 얻을 수 있는 학생들에게 좋은 지침서가 될 것입니다.

또한 피지컬 컴퓨팅 수업이 어려우신 많은 선생님들과 강사님들도 이 책을 발판으로 쉽고 재미있게 아이들을 지도할 수 있도록, 센서의 원리 및 블록코딩과 피지컬 컴퓨팅, 인공지능을 한 권에 모두 담았습니다. 피지컬 컴퓨팅 수업을 준비하시는 모든 분들께 유용한 가이드북이 되기를 바랍니다.

마지막으로 이 책을 출간하기 위해 도움을 주신 많은 분들과 독자분들께도 진심으로 감사드립니다.

저자 이우정, 이현정

추천사

이 책은 초등학생과 교사들을 대상으로 하여, 코드위즈 보드를 활용한 창의적인 코딩 학습을 제안합니다. 총 15가지의 예제 중 4개는 인공지능 관련 주제를 다루며, 이를 통해 아이들은 미래 기술에 대한 이해와 흥미를 높일 수 있습니다. 쉬운 난이도로 구성되어 있어 초보자도 쉽게 따라할 수 있으며, 교사들은 이를 교육에 활용하여 코딩 교육을 더 흥미롭게 전달할 수 있을 것입니다.

- '코드위즈' 제조사 코더블 대표이사 김기만

코딩을 처음 접하는 초등학생들의 무궁한 잠재력을 깨우는 발판이 될 수 있을 이 책은 코딩과 인공지능의 기초 개념을 아이들에게 쉽게 설명하고, 다양한 예제들을 통해 실생활 문제 해결을 위한 논리적 사고력을 길러 줍니다. 교사들은 이 책을 통해 최신 기술을 활용한 교육 방법을 배울 수 있으며, 이를 통해 아이들에게 효과적인 학습 경험을 제공할 수 있습니다. 코드위즈 보드를 활용한 창의적인 프로젝트들은 아이들의 학습 동기를 높이고, 미래 지향적인 사고력을 키워 줄 것입니다.

- 코드클럽 한국위원회 사무국장 장진혁

코딩 교육을 넘어 이제는 인공지능까지 교육 과정에 대두되기 시작하였습니다. 같은 코딩이라고 해도 배우는 방식이나, 하드웨어 등에 따라 그 교육 방법이 굉장히 다른데, 이 책에서는 '코드위즈'라는 새로운 보드를 통해 보다 쉽고 간편하게 코딩 교육에 접근한 점이 흥미롭습니다. 15가지의 활동 주제로 다양하게 구성된 예제는 피지컬 컴퓨팅을 처음 시작하는 분들에게 많은 도움이 될 수 있을 것입니다.

- SW 코딩 전문 강사 & 저자 박주은

코드위즈 보드를 이용하여 다양한 프로젝트를 진행하는 이 책은 초등학생과 교사들이 코딩의 세계를 만나 볼 수 있는 완벽한 안내서입니다. 다양한 예제들과 함께하는 이 책은 기본 개념부터 실제 적용까지 단계별로 설명되어 있어, 누구나 쉽게 코딩을 배울 수 있습니다. 또한 인공지능 관련 주제들을 통해 아이들은 창의적인 사고를 길러 낼 수 있으며, 이를 바탕으로 더 풍요로운 코딩 교육을 진행할 교사들에게 적극 추천합니다.

- 《마이크로비트 마퀸으로 배우는 AI세상》 저자 김정화

목차

0. 코딩 환경 준비하기 9
1. 도깨비불을 찾아라! 15
2. SOS 구조요청기 31
3. 박자를 찾아라! 비트박스 45
4. 스마트화분 61
5. 정류장 송풍기 77
6. 등굣길 안전 지킴이 95
7. 도둑을 잡아라 113
8. 제리를 잡자 129
9. 밸리댄스의 TOP 147
10. 날씨알리미 165
11. 무궁화 꽃이 피었습니다 187
12. AI_나를 깨워 줘 205
13. AI_날 따라해 봐 223
14. AI_반려 식물 키우기 245
15. AI_재미로 보는 관상 263

0장

코딩 환경 준비하기

0 코딩 환경 준비하기

1 코딩스쿨 프로그램 다운로드

1) 크롬 브라우저 실행 후 코더블 공식 홈페이지(https://www.codable.co.kr)에 접속합니다.
2) 상단 메뉴 탭 중 [교육자료실]을 클릭합니다.

3) [코더블 프로그램 사용 동의서]를 아래로 스크롤하여 [사용권 계약서에 동의]에 [체크]를 하고 코딩스쿨 프로그램을 처음 설치한다면 [코드위즈 처음 사용자용 통합 설치 파일]을 클릭합니다.
   * 설치 기준으로 코딩스쿨 최신버전은 다를 수 있습니다.

4) 파일을 다운로드하시겠습니까?라는 질문에 [무시하고 다운로드]를 누릅니다.

5) 컴퓨터 화면 왼쪽 아래 다운로드 된 파일 옆 [∨]를 클릭하여 [폴더 열기]합니다.

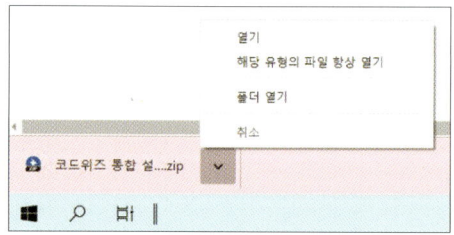

6) 다운로드 한 압축파일을 오른쪽 마우스를 눌러 압축파일 풀기를 선택하고 압축을 풀 폴더를 선택합니다.

　　* 압축프로그램은 컴퓨터 시스템에 따라 다를 수 있습니다

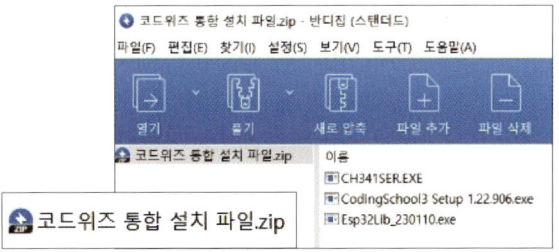

❷ 코딩스쿨 프로그램 설치

1) 드라이버 설치

1 PC와 코드위즈 보드를 USB케이블을 이용하여 연결합니다.

2 *코드위즈 보드가 PC와 연결된 상태에서 **[코드위즈 통합 설치 파일]** 폴더의 CH341SER.EXE 파일을 더블 클릭합니다.

　　* 코드위즈 보드와 PC가 연결되어 있지 않은 상태에서 설치 할 경우 'Drive Install failure' 실패 메시지가 뜹니다.

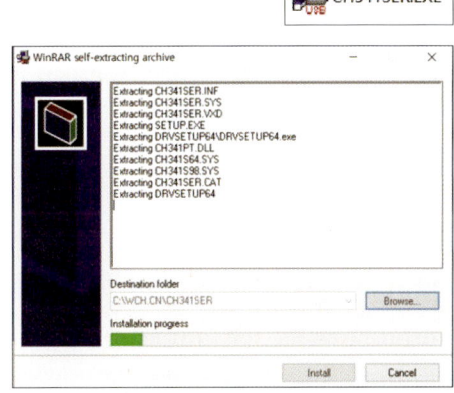

3 [INSTALL] 버튼을 클릭 후 성공 메시지 나오면 [확인]을 누르고 [X]를 눌러 창을 닫습니다.

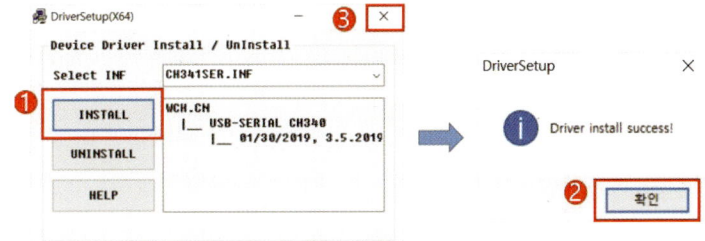

2) 라이브러리 설치

1 [코드위즈 통합 설치 파일] 폴더에서 Esp32Lib_230110.exe 파일을 더블 클릭합니다.

2 설치 과정을 차례대로 진행합니다. 마지막 검은색 화면은 설치가 완료되면 사라집니다.

3) 코딩스쿨 프로그램 설치

1 [코드위즈 통합 설치 파일] 폴더의 CodingSchool3 Setup 1.22.906.exe 파일을 더블 클릭합니다.

2 [설치]를 누르고 설치가 진행되는 동안 잠시 기다렸다 설치완료 창이 뜨면 [마침]을 클릭합니다.

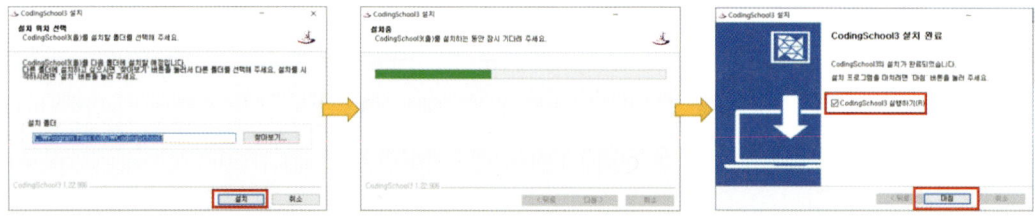

* codingSchool3 실행하기를 √ 하면 코딩스쿨 프로그램이 바로 실행됩니다. 원하지 않으면 체크를 해제하세요.

③ 코드위즈 펌웨어 업로드

1) 코딩스쿨 메뉴 표시줄 **[연결]** 탭에서 **[코드위즈 연결]**를 클릭합니다. 연결음 '삐'소리가 나고 **[포트 연결]**창이 뜨면 **[확인]**을 누릅니다.

[Port : CODEWIZ Connect] 인 것을 확인할 수 있습니다.

2) 펌웨어 업로드하기 위해 메뉴 표시줄 **[연결]** 탭에서 **[펌웨어 업로드]**를 클릭합니다. 업로드 진행되고 잠시 기다리면 업로드가 완료되었다는 창이 뜨면 **[OK]**를 누릅니다.

* 새로운 버전으로 코딩스쿨을 설치한다면 사용하기 전 펌웨어 업로드를 해 주세요.

1장
도깨비불을 찾아라!

01 도깨비불을 찾아라!

1 프로젝트 준비

학습 목표	조도센서 값에 따라 LED와 서보모터를 움직일 수 있다.
프리뷰	빛의 값 측정, LED 켜고 끄기, 서보모터 각도조정
핵심키워드	코드위즈, 블루 LED, 서보모터
학습 시간	1시간
학습 난이도	하

2 준비물 알아보기

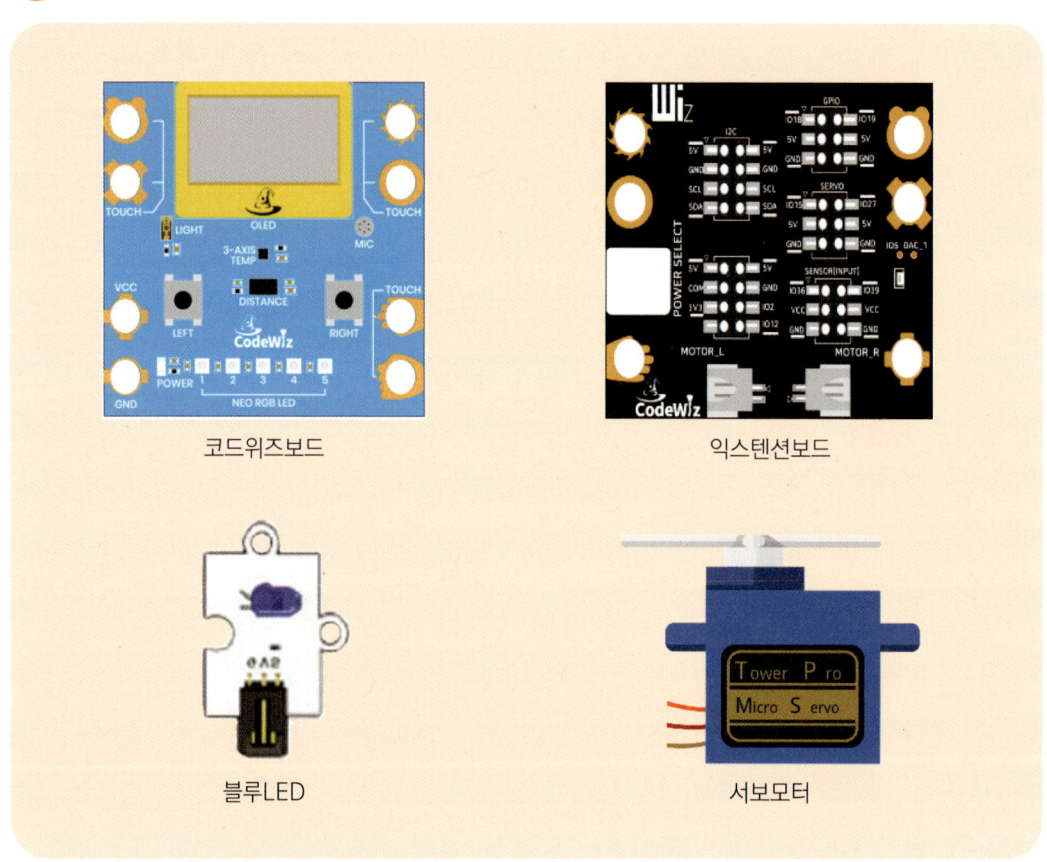

코드위즈보드   익스텐션보드

블루LED   서보모터

3 센서 알아보기

1) 조도센서

조도센서는 빛센서라고도 불리우며 주변 환경의 밝기를 측정할 수 있습니다. 빛의 세기에 따라 저항 값이 변하는 부품으로 황화카드뮴을 사용하기 때문에 CDS 센서라고 부르기도 합니다. 빛이 많아지면 저항이 감소하고 전류가 많이 흐르게 되며 빛이 작아지면 저항이 커지고 전류가 약하게 흐르는 원리로 빛의 양을 측정할 수 있습니다.

조도센서

조도센서가 생활속에서 사용되고 있는 곳을 살펴보면 우리가 매일 사용하는 스마트폰의 액정 화면 밝기 자동 조절에서도 쉽게 볼 수 있습니다. 또한 어두운 곳에서 자동으로 켜지는 스마트 가로등 및 자동차의 자동 헤드라이트와 마트에서 물건을 살 때 사용되는 바코드 리더기 등에서도 조도센서가 사용됩니다.

코드위즈의 빛센서는 OLED의 바로 아래 왼쪽 부분에 위치하고 있습니다. 빛센서의 값의 범위는 0(최소)~1023(최대)까지의 아날로그 값을 표현할 수 있으며 어두울수록 0, 밝을수록 1023의 값으로 나타납니다.

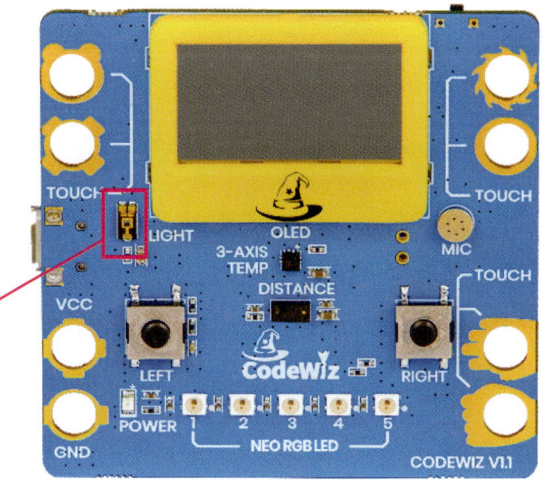

4 회로도 알아보기

도깨비 불을 표현하기 위해서 블루 LED를 사용하고 도깨비가 방망이를 휘두르는 것을 서보모터로 표현하기 위해서 두개의 회로를 연결해 보겠습니다.

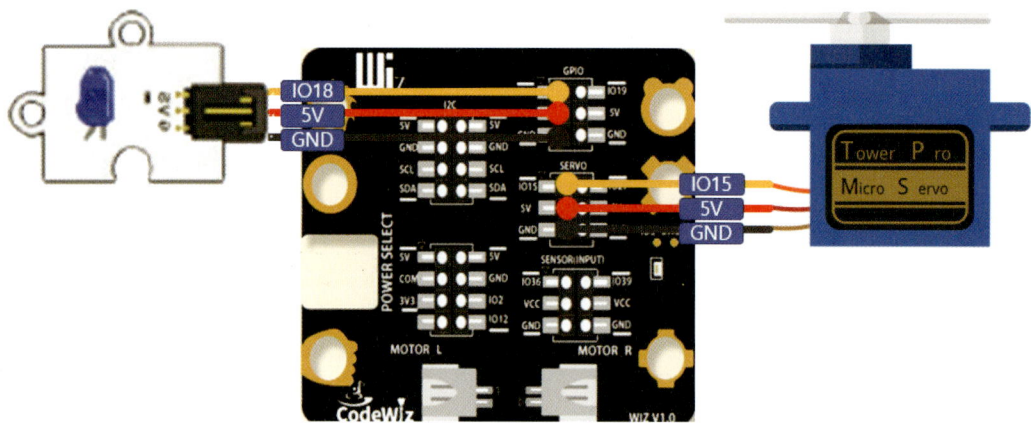

회로도

5 코딩스쿨로 코딩하기 (기본)

1) 연결하기

[코딩스쿨] 프로그램을 실행하고 코드위즈 보드와 컴퓨터를 USB케이블로 연결 후 코딩스쿨 3.0 프로그램에서 연결메뉴에서 [코드위즈 연결]을 선택한 후 [포트 연결] 창이 뜨면 [OK]를 클릭합니다.

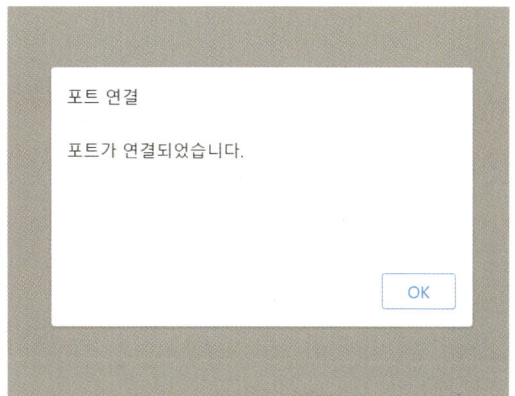

코드위즈의 블록이 생성된 것을 확인합니다.

2) 빛센서 값 확인하기

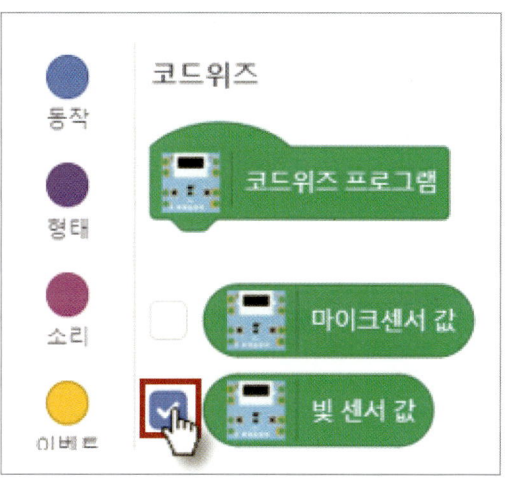

현재 빛 센서 값을 알기 위해서는 코드위즈 블록에서 빛 센서값 체크박스를 클릭합니다.
모자 스프라이트에 표시된 현재 빛 센서값을 확인합니다.

빛센서를 손으로 가렸을 때

빛 센서에 손전등을 비췄을 때

3) 코딩 따라하기

1-1 배경 스프라이트 추가하기

우선 모자 스프라이트를 삭제하고 배경추가하기를 눌러 배경이 되는 [Neon Tunnel] 스프라이트를 선택합니다. 그 뒤 [배경] 탭에서 배경 고르기를 클릭 해 [Rays] 스프라이트를 추가합니다.

1-2 스프라이트 고르기

스프라이트 고르기에서 도깨비를 표시할 [Frank] 스프라이트를 고른 뒤 모양에서 [Frank]의 모양을 확인합니다.

1-3 스프라이트 크기 정하기

[시작] 카테고리에서 [깃발을 클릭했을때]를 가져오고 [형태] 카테고리에서 [크기를 100%로 정하기] 블록을 붙인 뒤 크기를 30%로 수정합니다.

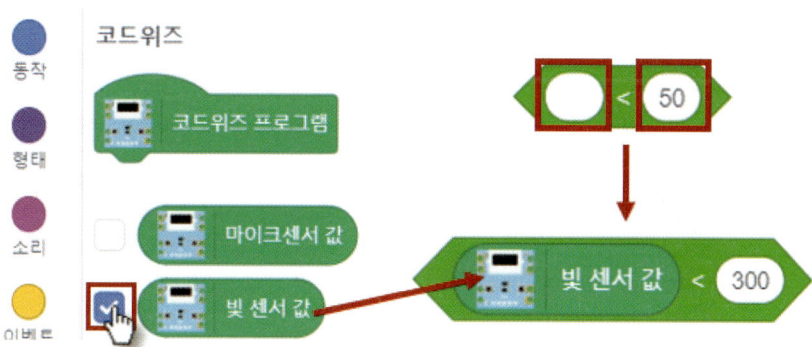

1-4 빛 센서값 설정하기

[연산] 카테고리에서 [~가 50보다 작다] 블록을 가져와서 앞쪽 빈 공간에 [코드위즈] 카테고리의 [빛 센서값] 블록을 넣어줍니다. 뒤쪽 50의 숫자를 300으로 변경합니다.

> 📌 빛 센서는 현재 빛의 양을 측정하므로 사용자의 환경에 따라 빛의 양이 다릅니다. 만약 300을 넣어 잘 동작하지 않을 경우 사용자의 현재 빛의 값에 따라 숫자를 다르게 변경해주세요.

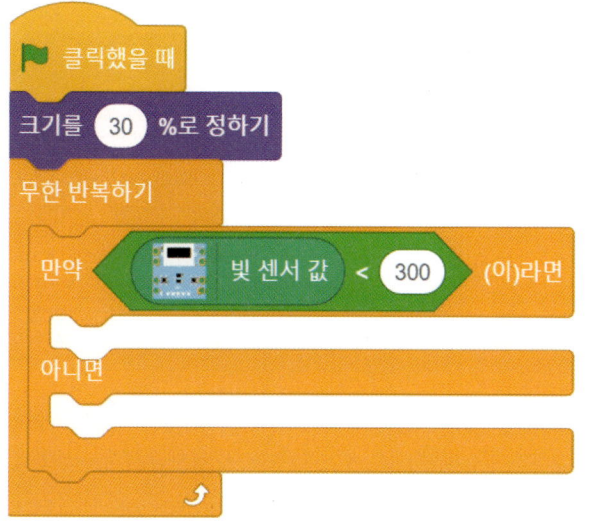

1-5 조건 설정하기

빛 센서의 값을 계속해서 측정하기 위해서 [제어] 카테고리에서 [무한 반복하기]를 가져온 뒤 [만약~아니면] 블록을 삽입합니다.

그 뒤 설정한 빛 센서값의 범위를 [만약~이라면] 블록에 삽입해줍니다.

1장 도깨비불을 찾아라! 21

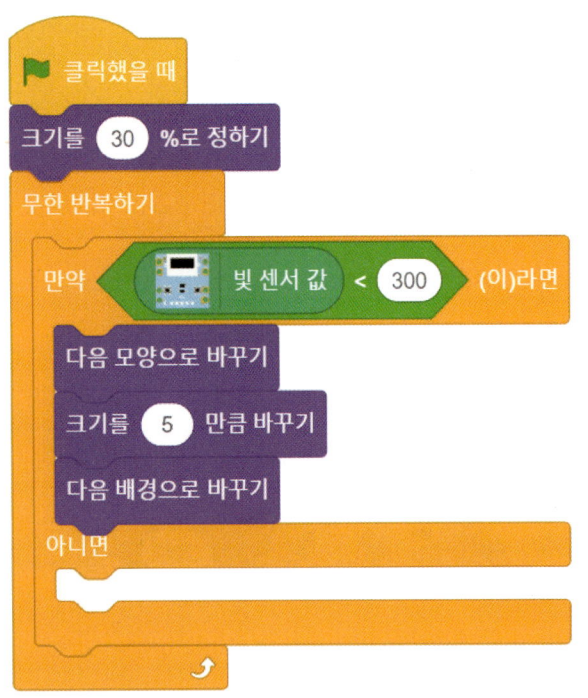

1-6 빛 센서가 어두울 때

빛 센서의 값이 300보다 작을 경우는 주위가 어두울 경우(밤) 이므로 도깨비가 활동할 수 있도록 [형태] 카테고리에서 [다음 모양으로 바꾸기]를 가져와 삽입하여 도깨비인 [Frank] 모양을 계속하여 바꾸어 줍니다.
그 뒤 [크기를 5 만큼 바꾸기]로 [Frank]의 크기가 계속 증가되도록 합니다.
마지막으로 [다음 배경으로 바꾸기] 블록을 이용하여 추가한 2개의 배경이 계속 바뀌도록 합니다.

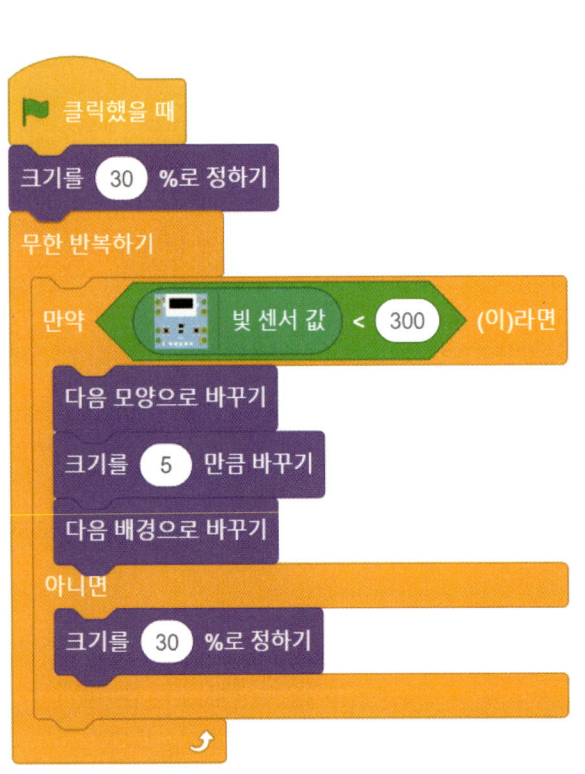

1-7 빛 센서가 밝을 때

빛 센서의 값이 300 보다 클 경우는 주위가 밝을 경우(낮)이므로 도깨비의 활동이 정지될 수 있도록 [형태] 카테고리에서 [크기를 30%로 정하기]로 처음 시작할 때 크기로 바꿔줍니다.

6 센서 확장하기 (응용)

1) 블루LED 추가하기

1-1 코드위즈의 SCON 핀 추가하기

빛 센서값이 어두울 때 코드위즈 익스텐션 보드의 IO18번 핀에 연결된 블루LED를 켜기 위해 **[코드위즈]** 카테고리의 **[SCON 디지털 18 으로 HIGH 내보내기]** 블록을 가져와 **[만약~ 이라면]** 조건의 **[다음 배경으로 바꾸기]** 아래에 추가합니다.

빛 센서값이 밝을 때는 블루LED를 끄기 위해서 **[SCON 디지털 18 으로 LOW 내보내기]** 블록을 가져와 **[아니면]** 조건의 아래에 추가해 줍니다.

2) 서보모터 추가하기

서보모터를 사용하기 위해서는 우선 코딩스쿨 3.0의 상단 메뉴에서 **[센서확장]**를 클릭합니다.
그 다음 **[코드위즈]**를 선택한 뒤 **[모터관련 센서]**를 클릭하고 **[(M)서보모터]**를 선택하여 불러오기를 클릭합니다.

[코드위즈] 카테고리 아래에 [(M)서보모터] 카테고리가 생성된 것을 확인할 수 있습니다. 카테고리를 클릭하면 4개의 블록이 추가적으로 나타난 것을 확인할 수 있습니다.

1-1 서보모터 핀 설정하기

회로도에서 서보모터를 IO15번에 연결하였으므로 **[(M)서보모터]** 카테고리에서 18번으로 설정된 핀을 15번으로 변경해 줍니다.

1-2 서보모터 각도 설정하기

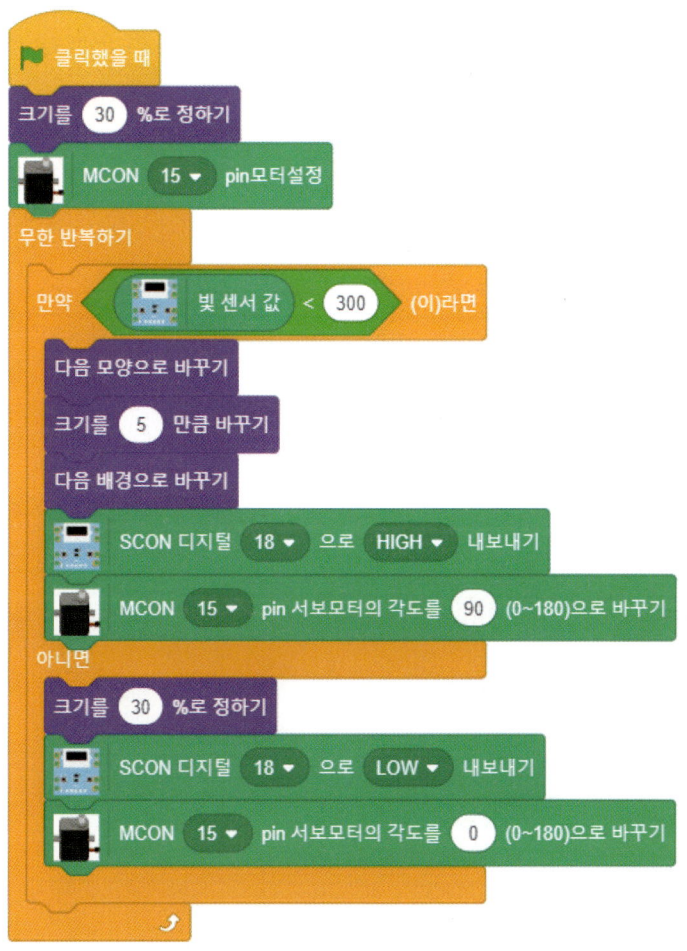

빛 센서의 값이 300보다 작을 경우에는 도깨비가 방망이를 두드릴 수 있도록 **[MCON 15pin 서보모터의 각도를 0으로 바꾸기]** 블록을 가져와 0도를 90도로 변경해 줍니다.

빛 센서의 값이 300 보다 클 경우에는 방망이의 움직임을 멈출 수 있도록 **[MCON 15pin 서보모터의 각도를 0으로 바꾸기]** 블록을 추가해줍니다.

7 응용하기

1) 빛 센서 값을 변수로 변경해보기

빛센서의 값을 변수로 만들어 보세요.

[변수] 카테고리에서 [빛의 값] 이름으로 변수를 만든 뒤 [빛의 값을 빛 센서 값으로 정하기] 블록을 [만약~ 라면] 조건블록 위에 추가해 줍니다.
그 뒤 조건블록의 [만약 빛센서의 값이 300 보다 작다면] 블록을 빛의 값 변수로 바꿔줍니다.

2) 블루LED 깜박이게 해보기

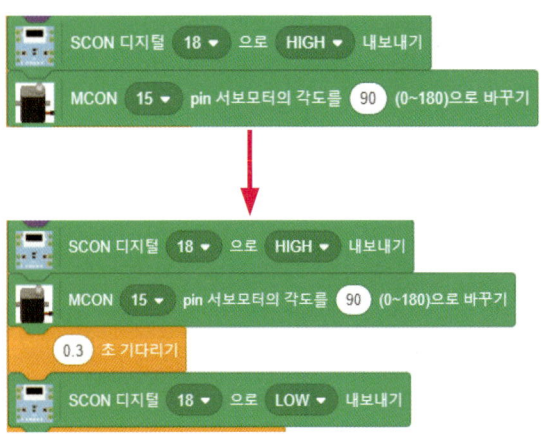

빛의 값이 300보다 작을 경우 블루LED를 깜박이게 변경해보세요.

블루LED를 깜박이게 하기 위해서는 [제어] 카테고리에서 [1초 기다리기]를 가져와 깜박일 시간만큼 변경해주세요.

3) 도깨비 방망이 휘두르기

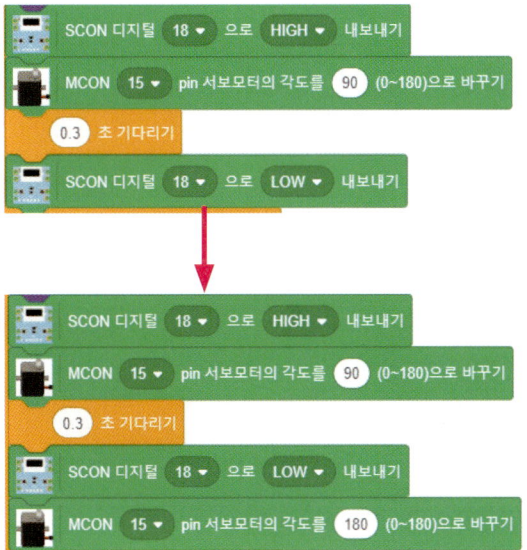

빛 센서의 값이 300보다 작을 경우 서보모터를 위 아래로 움직이도록 변경해보세요.

서보모터를 위 아래로 움직이게 하기 위해서는 **[(M)서보모터]** 카테고리에서 카테고리에서 **[MCON 15pin 서보모터의 각도를 0 으로 바꾸기]** 블록을 블루LED LOW로 내보내기 아래에 추가하고 각도를 180도로 변경해주세요.

8 전체 알고리즘 정리하기

1) 기본 코드 알고리즘

2) 응용 코드 알고리즘

```
▶ 클릭했을 때
크기를 30 %로 정하기
MCON 15▼ pin모터설정
무한 반복하기
    빛의 값▼ 을(를) 빛 센서 값 로 정하기
    만약 빛의 값 < 300 (이)라면
        다음 모양으로 바꾸기
        크기를 5 만큼 바꾸기
        다음 배경으로 바꾸기
        SCON 디지털 18▼ 으로 HIGH▼ 내보내기
        MCON 15▼ pin 서보모터의 각도를 90 (0~180)으로 바꾸기
        0.3 초 기다리기
        SCON 디지털 18▼ 으로 LOW▼ 내보내기
        MCON 15▼ pin 서보모터의 각도를 180 (0~180)으로 바꾸기
    아니면
        크기를 30 %로 정하기
        SCON 디지털 18▼ 으로 LOW▼ 내보내기
        MCON 15▼ pin 서보모터의 각도를 0 (0~180)으로 바꾸기
```

2장

SOS 구조요청기

02 SOS 구조요청기

1 프로젝트 준비

학습 목표	버튼을 눌러 부저와 OLED를 동작할 수 있다.
프리뷰	버튼 누른 상태, 소리 출력, 글자 출력
핵심키워드	코드위즈, 버튼, 부저
학습 시간	1시간
학습 난이도	하

2 준비물 알아보기

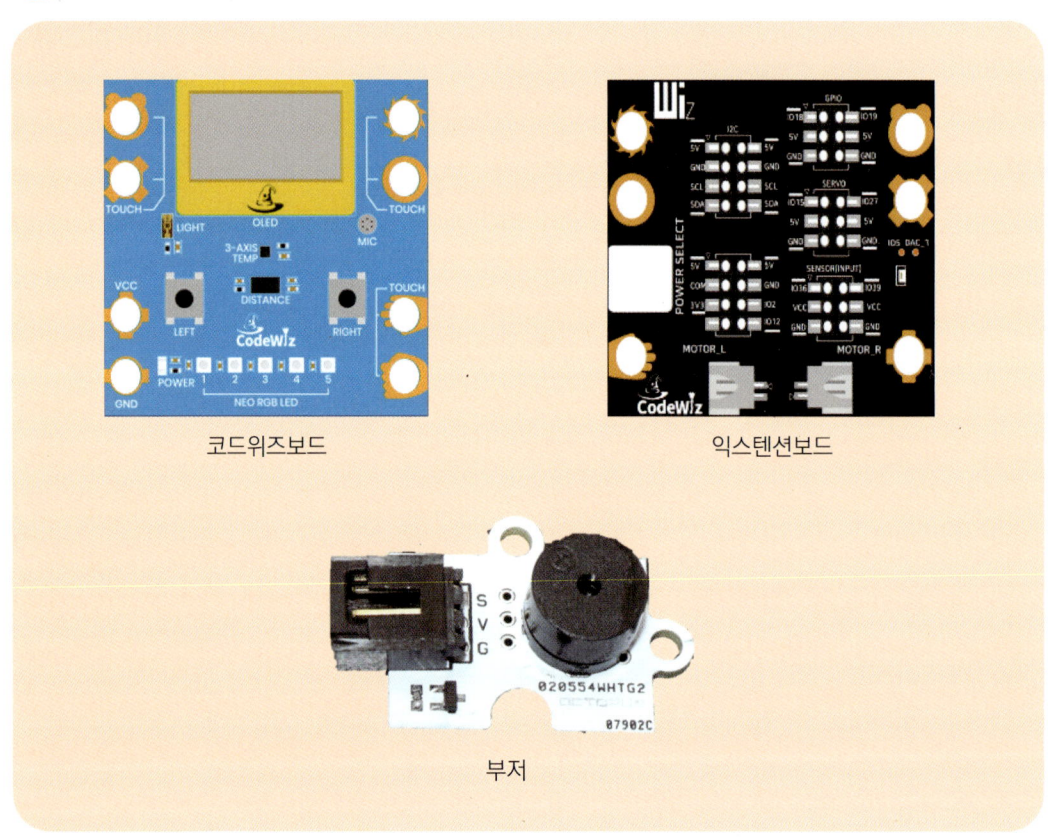

코드위즈보드   익스텐션보드

부저

3 센서 알아보기

1) 버튼

택트 버튼이란 손으로 눌러서 접점을 열거나 닫을 수 있는 스위치의 종류입니다. 아래에는 연결되는 4개의 다리가 있고 윗 부분에는 누를 수 있는 버튼 모양으로 제작되어 있습니다. 대부분 내부에 스프링이 있거나 탄성을 이용하여 눌러진 스위치의 위치를 다시 복원하는 방식으로 사용됩니다. 택트 버튼은 누를 때만 접점이 유지되는 방식으로 동작하는 스위치입니다. 즉, 누르는 순간만 활성화되는 스위치로 왼쪽과 오른쪽에 2개의 다리가 세로 방향으로 연결되어 있습니다.

택트 버튼

이런 버튼은 생활속에서 가장 많이 활용되는 부품으로 집에 있는 전등을 켜는 것부터 키보드나 엘리베이터의 버튼, 리모컨의 버튼, 버스의 하차벨 외에도 아주 많은 곳에서 다양한 형태의 버튼을 발견할 수 있습니다.

코드위즈의 버튼은 왼쪽과 오른쪽에 각각 하나씩 위치하며 눌렸는지 감지하는 센서로서 버튼이 눌리면 True (1), 아니면 False (0) 의 값을 나타냅니다.

왼쪽버튼   오른쪽버튼

4 회로도 알아보기

위험을 감지하면 왼쪽 혹은 오른쪽 버튼을 눌러 부저를 동작하고 OLED 화면에 SOS 구조요청 글자를 표현하기 위해 익스텐션 보드의 IO18번에 부저를 연결합니다.

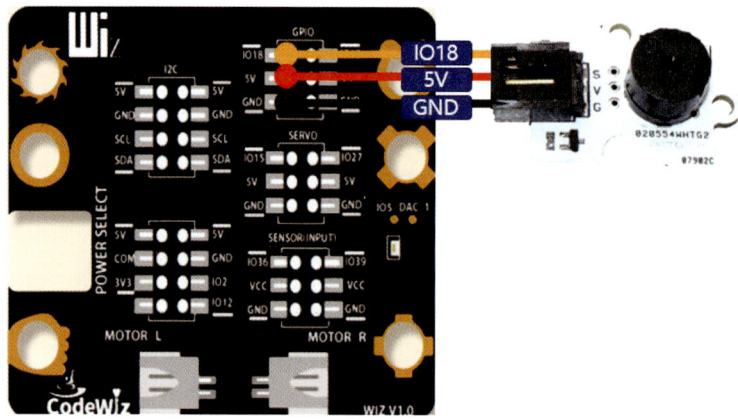

회로도

5 코딩스쿨로 코딩하기 (기본)

1) 연결하기

[코딩스쿨] 프로그램을 실행하고 코드위즈 보드와 컴퓨터를 USB케이블로 연결 후 코딩스쿨 3.0 프로그램에서 연결메뉴에서 [코드위즈 연결]을 선택한 후 [포트 연결] 창이 뜨면 [OK]를 클릭합니다.

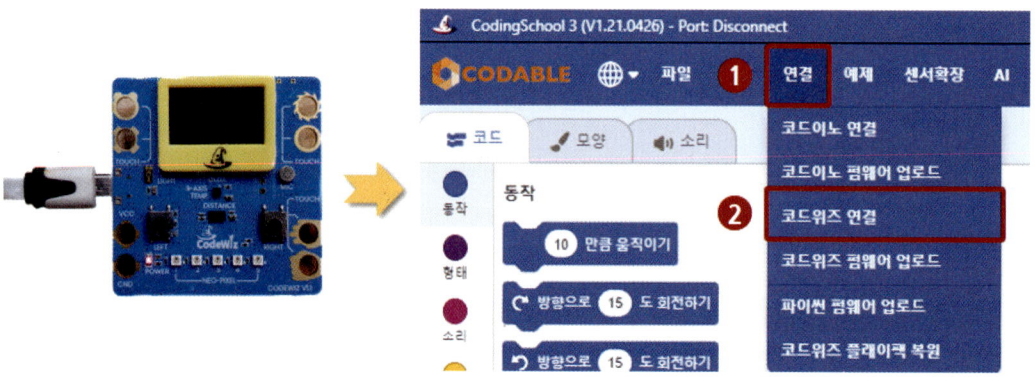

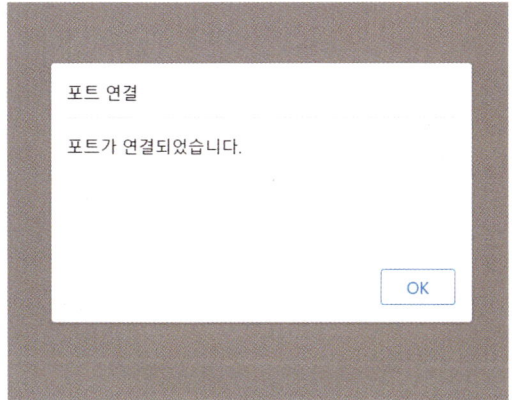

코드위즈의 블록이 생성된 것을 확인합니다.

2) 선택한 버튼의 상태값 확인하기

버튼을 선택하기 위해서는 **[코드위즈]** 카테고리에서 **[스위치 버튼 값]** 블록에서 right 혹은 left를 선택하여 원하는 스위치 버튼을 선택합니다.

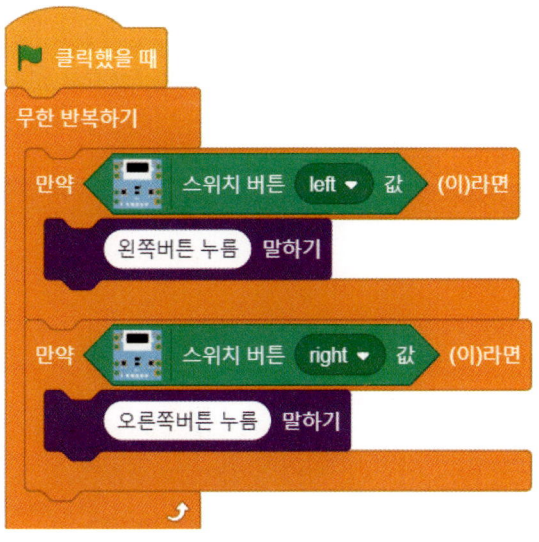

깃발을 클릭하여 만약 조건식에서 **[스위치 버튼 left 값]**이라면 **[형태]** 카테고리에서 **[왼쪽버튼 누름 말하기]** 블록을 넣어 스프라이트에서 말하기로 상태값을 표현합니다.

오른쪽 버튼도 왼쪽과 마찬가지로 만약~ 라면 조건식을 이용하여 **[스위치버튼 right 값]** 이라면 오른쪽 버튼 누름을 말하도록 합니다.

왼쪽 버튼을 누를 경우

오른쪽 버튼을 누를 경우

3) 코딩 따라하기

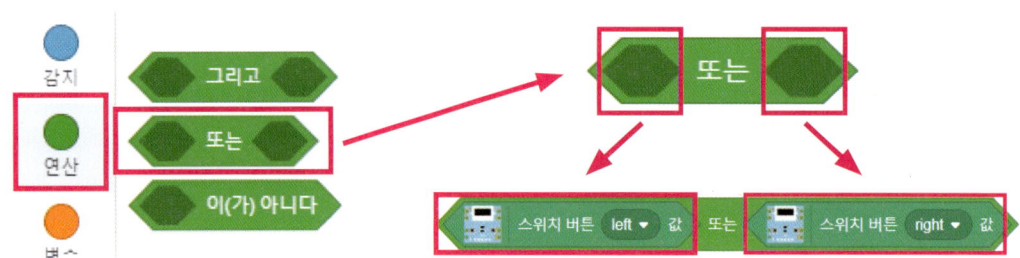

1-1 2개의 버튼 상태 확인하기

[**연산**] 카테고리에서 [**~ 또는 ~**] 블록을 가져와서 앞쪽 빈 공간에 [**코드위즈**] 카테고리의 [**스위치 버튼 left 값**] 블록을 넣어줍니다. 뒤쪽에는 카테고리의 [**스위치 버튼 left 값**] 블록을 넣어줍니다.

앞뒤 조건이 모두 참일 경우 실행됨	그리고
앞뒤 조건 중 하나만 참일 경우 실행됨	또는
조건이 참이 아닐 경우 실행됨	이(가) 아니다

1-2 조건 설정하기

[**깃발을 클릭했을 때 시작**] 할 수 있도록 블록을 삽입한 뒤, 버튼의 상태값을 계속해서 측정하기 위해서 [**제어**] 카테고리에서 [**무한 반복하기**]를 가져온 뒤 [**만약~아니면**] 블록을 삽입합니다. 그 뒤 설정한 [**스위치 버튼 left 값**] 또는 [**스위치 버튼 right 값**]을 [**만약~이라면**] 블록에 삽입해줍니다.

1-3 OLED 사용하기

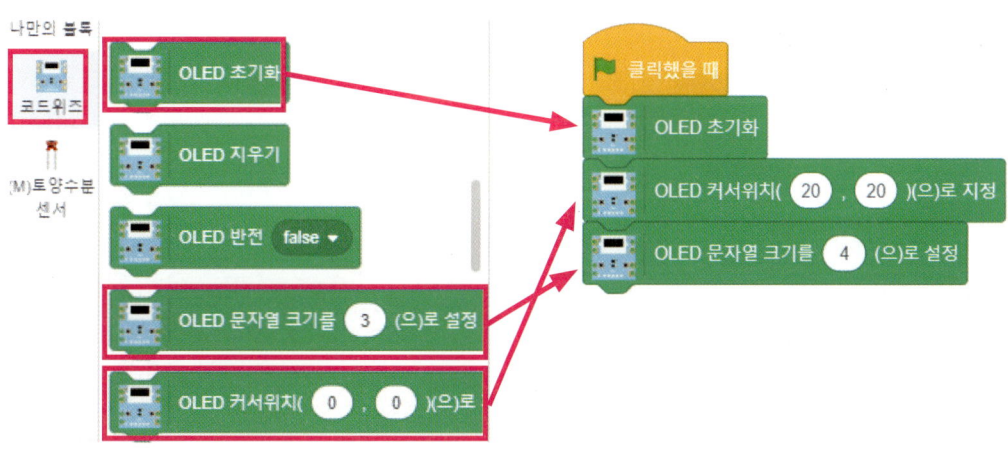

OLED 를 사용하기 위해서는 가장 먼저 필수적으로 [**코드위즈**] 카테고리에서 [**OLED 초기화**] 블록을 가져와 삽입해야 합니다. 글자를 쓸 위치를 설정하기 위해서 [**OLED 커서위치 (0), (0)으로 저장**] 블록을 가져와 20, 20으로 변경해줍니다.

그 뒤 OLED 글자의 크기를 크게 표시하기 위해서 [**OLED 문자열 크기를 3으로 설정**] 블록을 가져와 4로 설정해줍니다.

1-4 스위치 버튼을 눌렀을때 OLED 글자표시하기

초기값으로 표시되는 codewiz 글자를 지우기 위해서 **[코드위즈]** 카테고리에서 **[OLED 지우기]** 블록을 넣어준 뒤 **[OLED에 HelloWorld 출력]**을 가져와 'SOS!!'로 변경해줍니다. 코드위즈의 OLED는 한글 출력을 지원하므로 한글을 표시하기 위해서 **[OLED에 한글포함 코드위즈 Magic!! 출력]** 블록을 가져온 뒤 '도와주세요~' 로 변경합니다.

1-5 스위치 버튼을 누르지 않을 때 OLED 글자표시하기

버튼을 눌렀을 때 보여지는 SOS!! 도와주세요~ 글자를 지우기 위해 **[OLED 지우기]** 블록을 넣어준 뒤 **[OLED에 한글포함 코드위즈 Magic!! 출력]** 블록을 가져온 뒤 '안전합니다' 로 변경합니다.

6 센서 확장하기 (응용)

1) 부저 추가하기

회로도에 연결한 IO18번 핀을 사용하기 위해서 **[코드위즈]** 블록에서 **[SCON PWM 18 으로 0 내보내기]** 블록을 사용하여 부저의 소리를 출력합니다.

1-1 부저 소리 출력하기

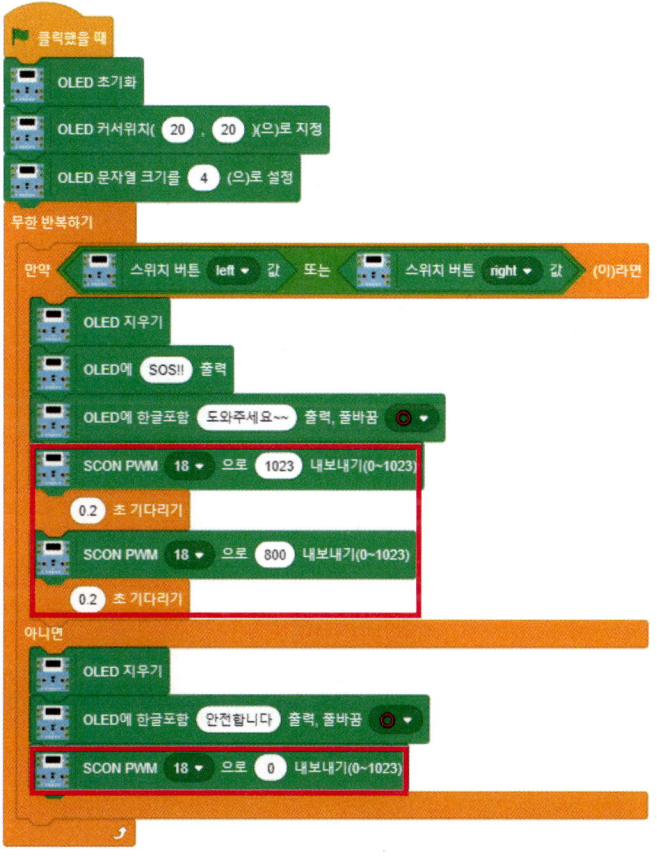

스위치 왼쪽버튼 또는 오른쪽 버튼을 눌렀을 때 부저의 소리를 출력하도록 **[SCON PWM 18 으로 0 내보내기]** 블록을. 가져와 1023 으로 변경한 뒤 **[제어]** 카테고리의 **[1초 기다리기]** 블록을 이용하여 0.2초로 변경합니다. 그 뒤 **[SCON PWM 18 으로 1023 내보내기]**의 1023의 값을 800으로 변경한 뒤 **[0.2초 기다리기]** 블록을 다시 추가합니다. 버튼을 누르지 않았을 때는 부저를 멈추기 위해 **[SCON PWM 18 으로 0 내보내기]** 블록을 **[아니면~]** 조건식 가장 아래에 추가해줍니다.

7 응용하기

1) 버튼의 상태값에 따라 신호 보내기

버튼을 눌렀을 경우나 누르지 않을 경우 신호보내기를 이용해 OLED의 글자와 부저를 출력하도록 변경해보세요.

[이벤트] 카테고리에서 [SOS]와 [안전해] 이름으로 새로운 메세지를 2개 만들어줍니다.

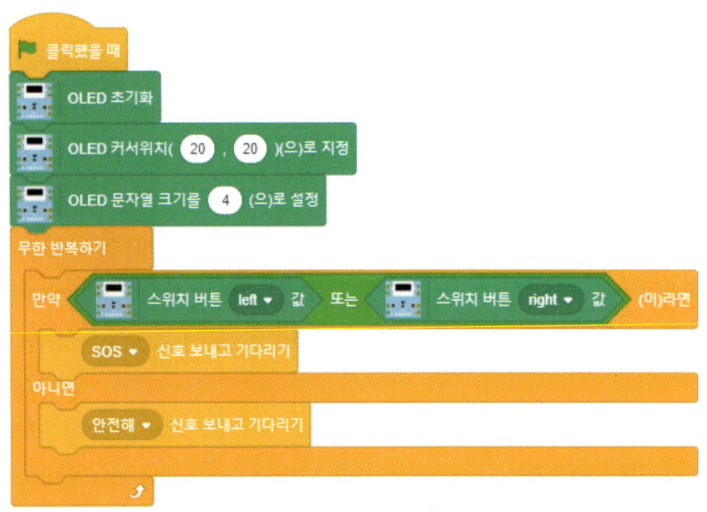

스위치 왼쪽 버튼 또는 오른쪽 버튼을 눌렀을 경우 **[SOS 신호 보내고 기다리기]** 블록으로 변경해줍니다. 버튼을 누르지 않을 경우에는 **[안전해 신호 보내고 기다리기]** 블록으로 변경해줍니다.

[만약~ 이라면] 조건식 아래의 블록들은 [SOS 신호를 받았을 때] 블록 아래쪽으로 이동해 붙여줍니다. [아니면] 조건식 아래의 블록들은 [안전해 신호를 받았을 때] 블록 아래쪽으로 이동해 붙여줍니다.

2) 부저의 소리를 싸이렌처럼 만들어보기

버튼을 눌렀을 때 SOS 구조신호처럼 표현되도록 부저의 소리를 싸이렌처럼 만들어보세요.

부저의 소리를 조절하기 위해 PWM의 값을 조절하여 싸이렌 소리처럼 만들수 있습니다. 원하는 값을 여러 번 사용하여 나만의 싸이렌 소리를 제작해보세요

2장 SOS 구조요청기 41

8 전체 알고리즘 정리하기

1) 기본코드 알고리즘

```
■ 클릭했을 때
    OLED 초기화
    OLED 커서위치( 20 , 20 )(으)로 지정
    OLED 문자열 크기를 4 (으)로 설정
    무한 반복하기
        만약 < 스위치 버튼 left 값 > 또는 < 스위치 버튼 right 값 > (이)라면
            OLED 지우기
            OLED에 SOS!! 출력
            OLED에 한글포함 도와주세요~~ 출력, 줄바꿈 ●
            SCON PWM 18 으로 1023 내보내기(0~1023)
            0.2 초 기다리기
            SCON PWM 18 으로 800 내보내기(0~1023)
            0.2 초 기다리기
        아니면
            OLED 지우기
            OLED에 한글포함 안전합니다 출력, 줄바꿈 ●
            SCON PWM 18 으로 0 내보내기(0~1023)
```

2) 응용코드 알고리즘

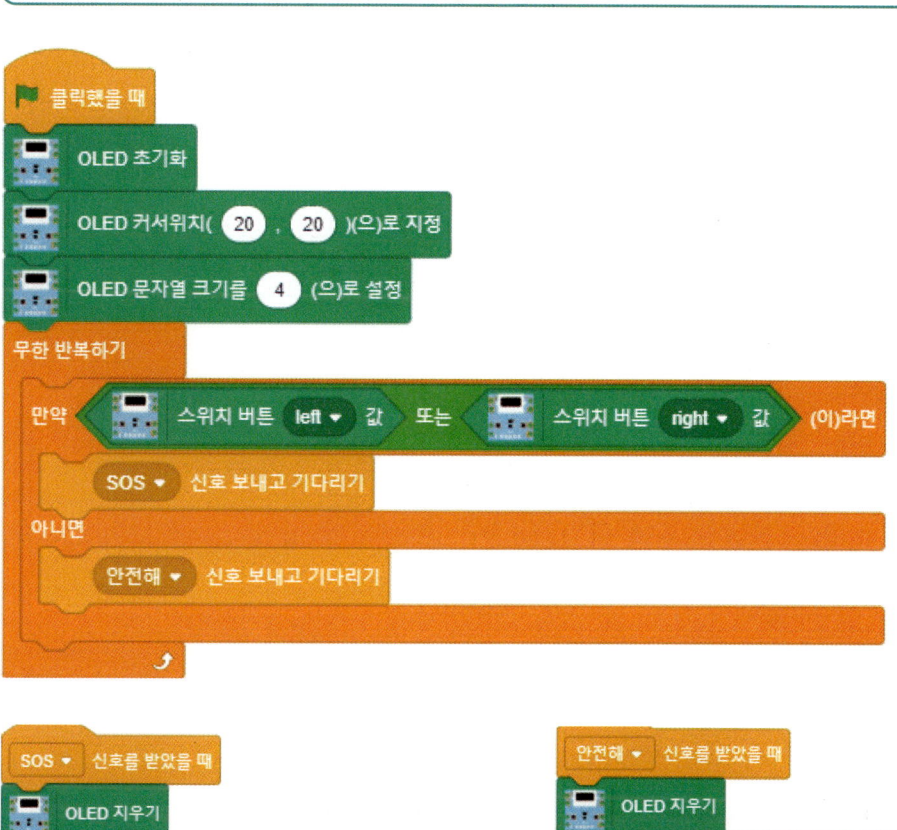

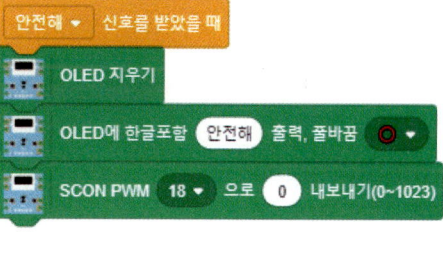

3장

박자를 찾아라! 비트박스

03 박자를 찾아라! 비트박스

1 프로젝트 준비

학습 목표	마이크 값에 따라 네오픽셀과 프로펠러 모터를 움직일 수 있다.
프리뷰	마이크 값 측정, 네오픽셀 켜기, 프로펠러 모터 속도조정
핵심키워드	코드위즈, 네오픽셀, 프로펠러 모터
학습 시간	1시간
학습 난이도	하

2 준비물 알아보기

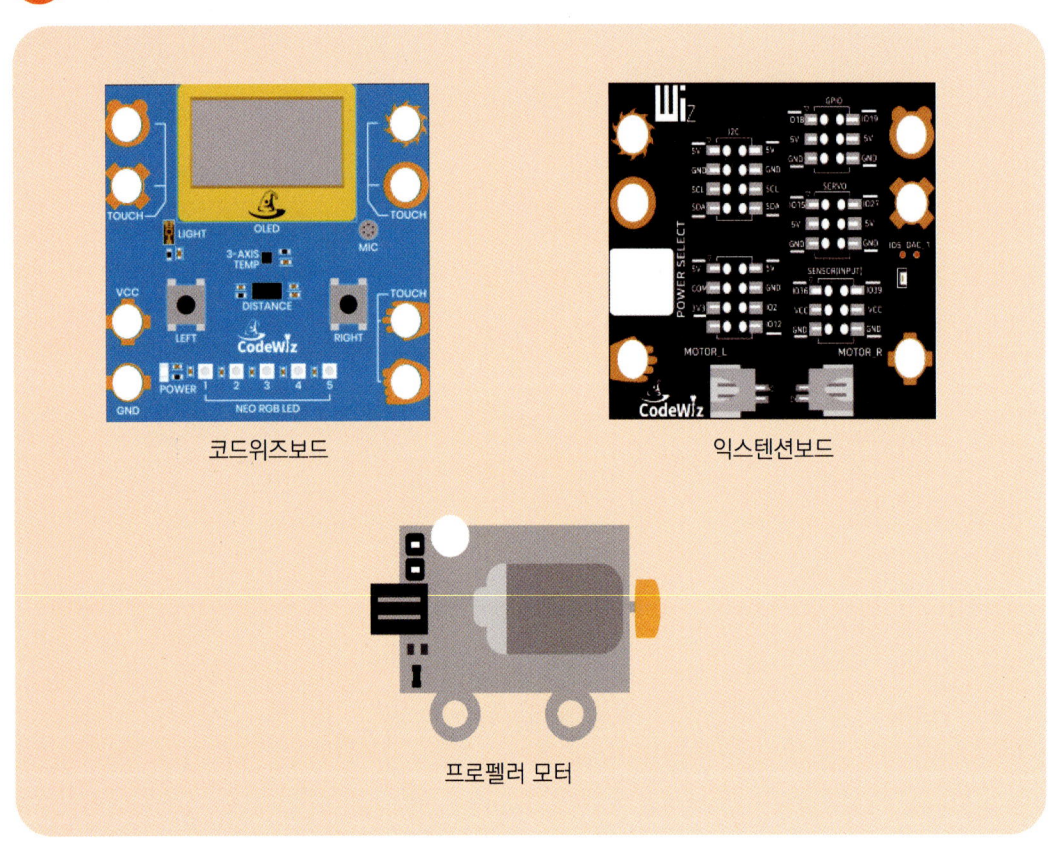

코드위즈보드

익스텐션보드

프로펠러 모터

③ 센서 알아보기

1) 소리센서

소리감지센서는 마이크센서라고도 불리우며 주변 소리의 세기에 따라 따라 변하는 전압으로 소리의 크기를 측정할 수 있는 부품으로 아날로그 핀이 있는 것과 없는 타입으로 나누어 집니다. 우리가 마이크를 사용하여 소리를 내는 것과 같이 소리센서에 달려있는 마이크가 소리를 감지하면 진동판이 떨리게 되고 떨리는 진동에 따라 전극판에 전자적 신호가 전달되면 전압이 바뀌는 원리를 이용하는 것입니다.

소리센서

이런 소리센서가 생활속에서 활용되는 것으로는 소리로 끄는 전등, 소음감지기, 마이크 등에 활용이 되며 AI 기술과 접목하여 소리를 인식하여 이상 동작을 알아채거나 사용자의 기분을 파악하는 분야에도 활용되고 있습니다.

코드위즈의 마이크센서는 오른쪽 상단에 위치하고 있으며 주변 소리 크기를 입력받습니다. 마이크 센서의 값은 0~1023까지의 값으로 소리크기를 표현하며, 센서 주변이 시끄러울수록 값이 커집니다.

마이크 센서

4 회로도 알아보기

비트박스의 소리값을 입력받아 소리값의 범위에 따라 네오픽셀의 밝기와 DC모터의 속도를 나타내기 위해 익스텐션보드에 DC모터를 연결합니다.

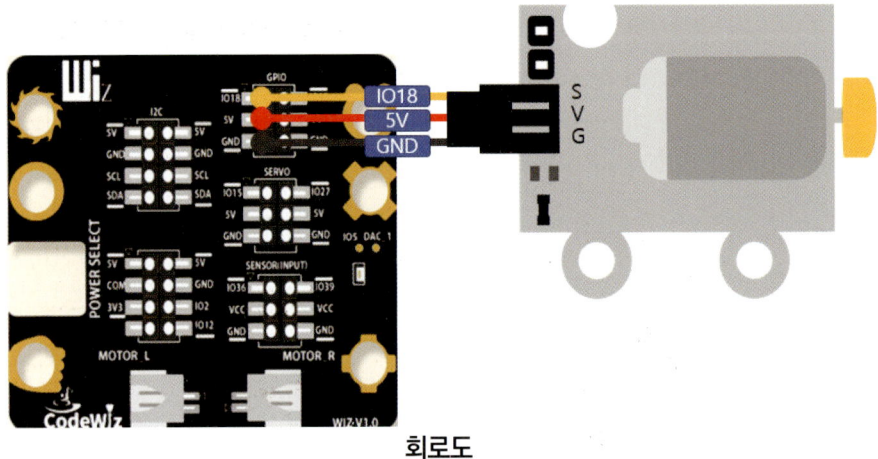

회로도

5 코딩스쿨로 코딩하기 (기본)

1) 연결하기

[코딩스쿨] 프로그램을 실행하고 코드위즈 보드와 컴퓨터를 USB케이블로 연결 후 코딩스쿨 3.0 프로그램에서 연결메뉴에서 [코드위즈 연결]을 선택한 후 [포트 연결] 창이 뜨면 [OK]를 클릭합니다.

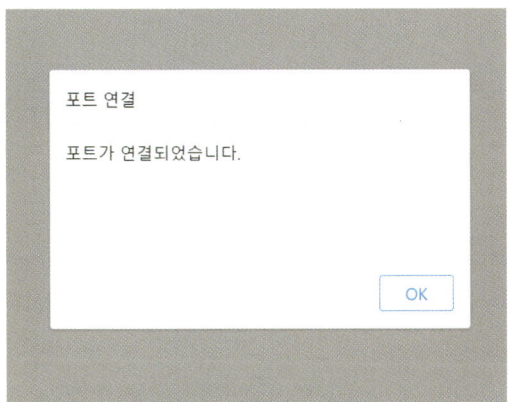

코드위즈의 블록이 생성된 것을 확인합니다.

2) 소리센서 값 확인하기

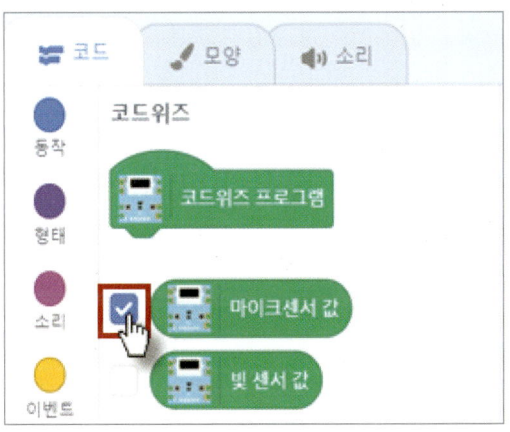

현재 소리 값을 알기 위해서는 코드위즈 블록에서 마이크센서 값 체크박스를 클릭합니다.
모자 스프라이트에 표시된 현재 마이크센서 값을 확인합니다.

주변 소리가 조용할 경우

주변 소리가 클 경우

3장 박자를 찾아라! 비트박스 **49**

3) 코딩 따라하기

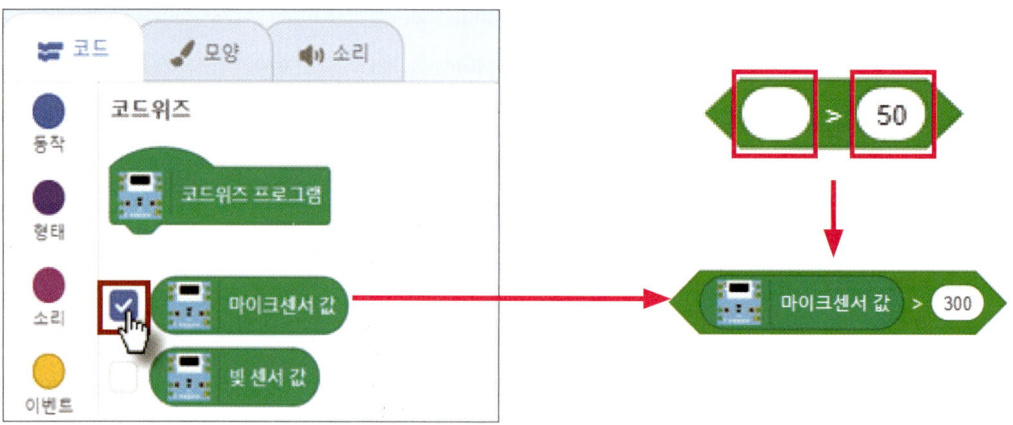

1-1 마이크센서 값 설정하기

[연산] 카테고리에서 [~가 50보다 크다] 블록을 가져와서 앞쪽 빈 공간에 [코드위즈] 카테고리의 [마이크센서 값] 블록을 넣어줍니다. 뒤쪽의 50의 값은 300으로 변경합니다.

> 📌 마이크센서는 주변 소리를 모두 감지하여 측정하므로 사용자가 말하지 않아도 주변의 환경에 따라 소리값이 높게 측정될 수 있습니다. 만약 시끄러운 곳이나 여러 사람이 모여있는 곳에서 사용할 경우 현재 측정되는 마이크센서 값에 따라 숫자를 다르게 변경해주세요.

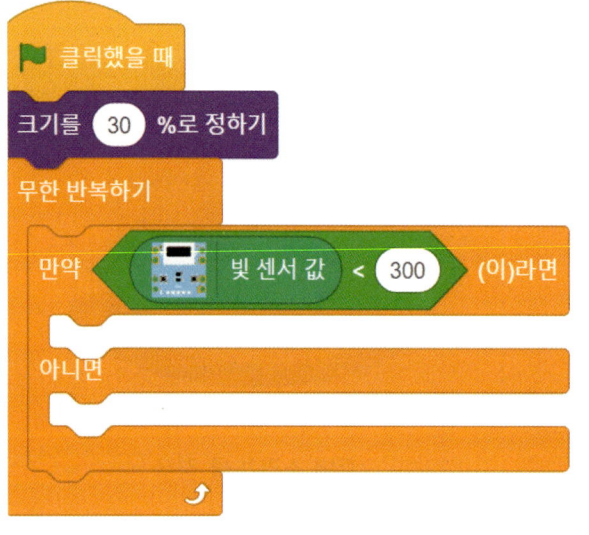

1-2 조건 설정하기

[깃발을 클릭했을 때 시작]할 수 있도록 블록을 삽입한 뒤, 마이크센서의 값을 계속해서 측정하기 위해서 [제어] 카테고리에서 [무한 반복하기]를 가져온 뒤 [만약~아니면] 블록을 삽입합니다.

그 뒤 설정한 마이크센서 값의 범위를 [만약~이라면] 블록에 삽입해줍니다.

1-3 마이크센서 값에 따라 말하기

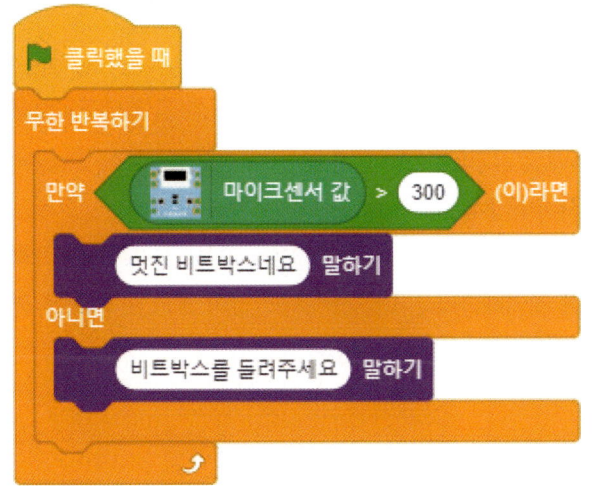

만약 마이크센서의 값이 300보다 클 경우는 비트박스 소리가 나는 경우이므로 **[형태]** 카테고리에서 **[안녕을 말하기]** 블록을 가져와 '멋진 비트박스네요'로 변경합니다.

마이크센서의 값이 300보다 작을 경우는 아니면 조건식에 '비트박스를 들려주세요' 말하도록 변경합니다.

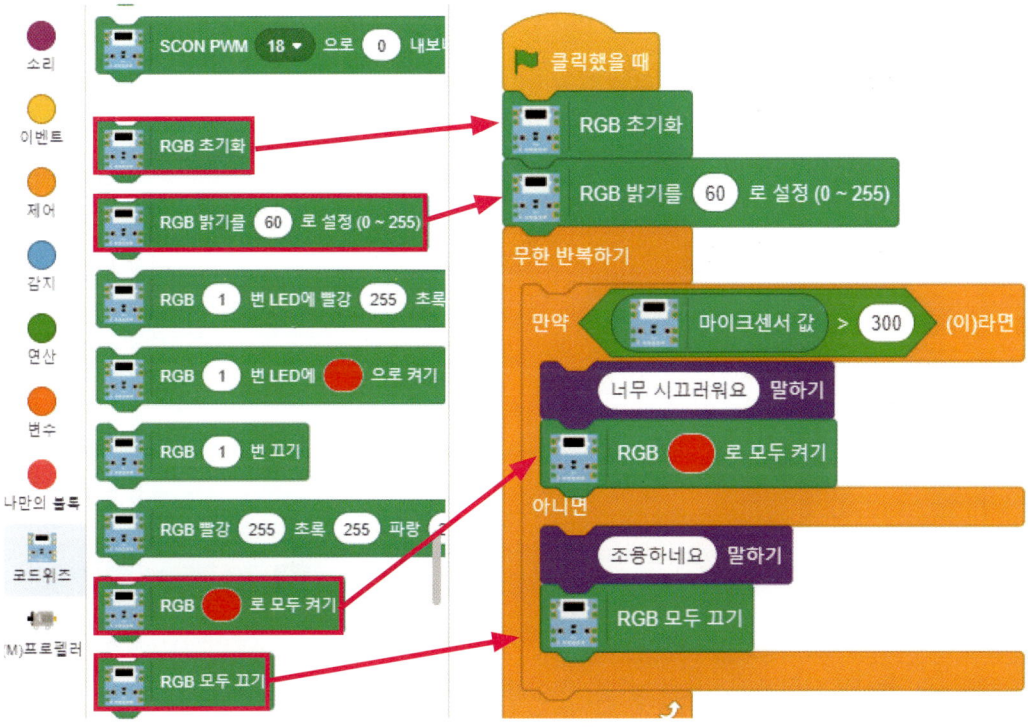

1-4 마이크센서 값에 따라 RGB LED 켜기

마이크센서의 값에 따라 RGB LED를 켜기 위해서는 가장 먼저 필수적으로 [코드위즈] 카테고리에서 RGB 초기화를 가져와서 [무한 반복하기] 위쪽에 삽입해줍니다. 그 뒤 [RGB밝기를 60 로 설정] 블록을 아래에 넣어 적당한 밝기로 조절합니다. 숫자가 클수록 밝아지며 최대값은 255입니다.
마이크센서의 값이 300보다 클 경우 알림을 표현하기 위해서 [RGB를 빨간색으로 모두 켜기]를 가져와 [만약 ~ 라면] 조건식의 말하기 블록 아래에 삽입해줍니다. 마이크센서의 값이 300 보다 작을 경우는 [아니면] 조건식에 [RGB 모두 끄기]를 넣어 RGB LED가 꺼지도록 합니다.

6 센서 확장하기 (응용)

1) 프로펠러 모터 추가하기

프로펠러 모터는 DC모터에 프로펠러 날개를 부착한 것으로 프로펠러 모터를 사용하기 위해서는 우선 코딩스쿨 3.0의 상단 메뉴에서 [센서확장]를 클릭합니다. 그 다음 [코드위즈]를 선택한 뒤 [모터관련센서]를 클릭하고 [(M)프로펠러]를 선택하여 불러오기를 클릭합니다.

블록을 불러오면 **[코드위즈]** 카테고리 아래에 **[(M)프로펠러]** 카테고리가 생성된 것을 확인할 수 있습니다. 카테고리를 클릭하면 2개의 블록이 추가적으로 나타난 것을 확인할 수 있습니다.

1-1 프로펠러 모터 핀 설정하기

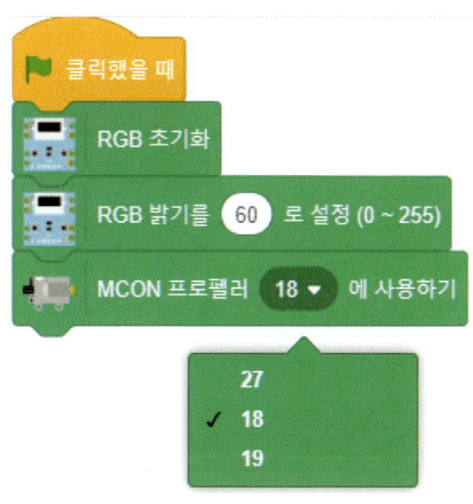

회로도에서 프로펠러 모터를 IO18번에 연결하였으므로 **[(M)프로펠러]** 핀을 18번으로 설정해 줍니다.

1-2 프로펠러 모터 값 설정하기

마이크센서의 값이 300보다 클 경우에는 프로펠러가 회전할 수 있도록 [MCON 프로펠러 18에 1023 내보내기] 블록을 가져와 200으로 값을 변경해 줍니다.

마이크센서의 값이 300 보다 작을 경우에는 프로펠러를 멈추기 위해서 [MCON 프로펠러 18에 1023 내보내기] 블록을 가져와 0으로 값을 변경해 줍니다.

 응용하기

1) 마이크센서 값을 변수로 변경해보기

마이크센서의 값을 변수로 만들어 보세요.

[변수] 카테고리에서 [바람]과 [네오픽셀] 이름으로 변수를 2개 만든 뒤 **[바람을 마이크센서 값 로 정하기]**, **[네오픽셀을 마이크센서 값 로 정하기]** 블록으로 변경한 뒤 무한반복 아래에 넣어줍니다.

2) 마이크센서의 값의 범위를 새로운 범위로 변경해보기

마이크센서의 값 0~1023 의 범위를 다른 범위로 변환해보세요.

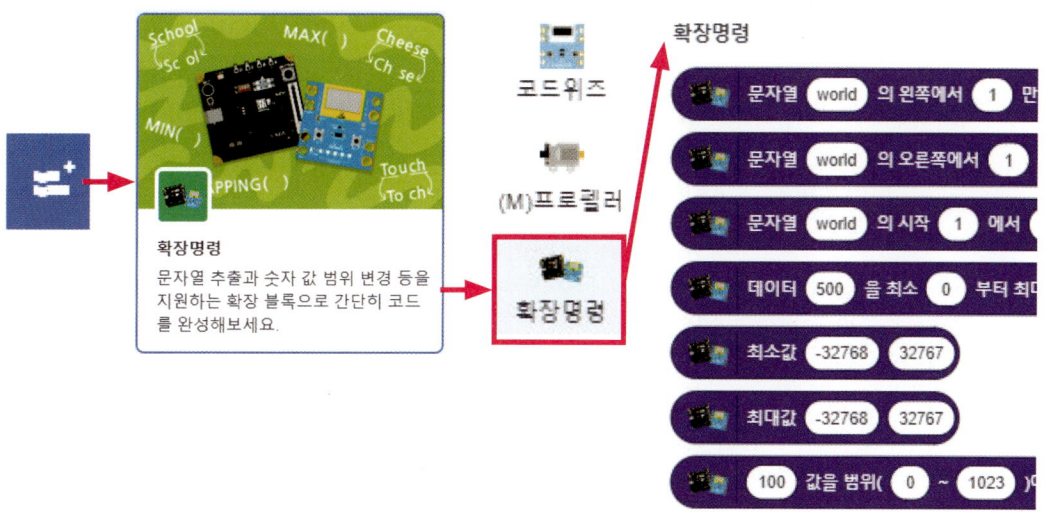

마이크센서의 값의 범위를 변경하기 위해서는 우선 카테고리 하단의 [**확장기능 추가하기**]를 눌러 [**확장명령**] 기능을 추가해줍니다. [**확장명령**] 기능을 추가하면 다양한 변환을 할 수 있는 7개의 블록이 추가된것을 확인할 수 있습니다.

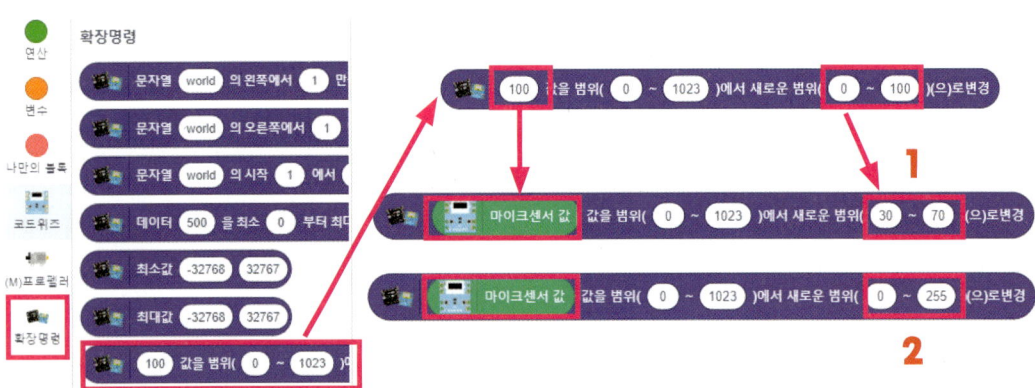

확장명령의 [**100 값을 0~1023에서 새로운 범위 0~100으로 변경**] 블록을 2개 가져와서 앞쪽의 100은 [**아이크센서 값**]으로 변경해주고 뒤의 0~100 사이의 범위는 ①은 프로펠러 모터가 회전할 속도인 30~70 으로 변경, ②는 RGB LED의 색상밝기 값인 0~255로 변경합니다.

그 뒤 변수 [**바람**]과 [**네오픽셀**]의 [**마이크센서 값**] 블록을 변경된 범위의 블록으로 변경하여 다시 삽입해줍니다.

3) 바람값에 따라 프로펠러 모터와 RGB LED의 밝기 변경하기

변수 [바람] 값이 50 보다 클 때 [바람] 값에 따라 변하는 프로펠러 모터와 RGB LED를 만들어보세요.

만약 [마이크센서 값이 300 보다 크다면]의 블록을 변수 [바람]이 50 보다 크다면 으로 변경하고 [MCON 프로펠러 18 에 j 200 내보내기] 블록을 변수 [바람] 내보내기로 변경해줍니다. 그 뒤 위쪽에 있던 [RGB 밝기를 60 로 설정] 블록을 만약 ~ 라면 조건식 안쪽으로 가져와 RGB 밝기를 변수 [네오픽셀]로 설정으로 변경해줍니다.

4) 바람값에 따라 RGB LED 를 랜덤한 색으로 켜기

변수 [바람] 값이 50 보다 클 때 RGB LED 의 색이 랜덤하게 켜질 수 있도록 만들어 보세요.

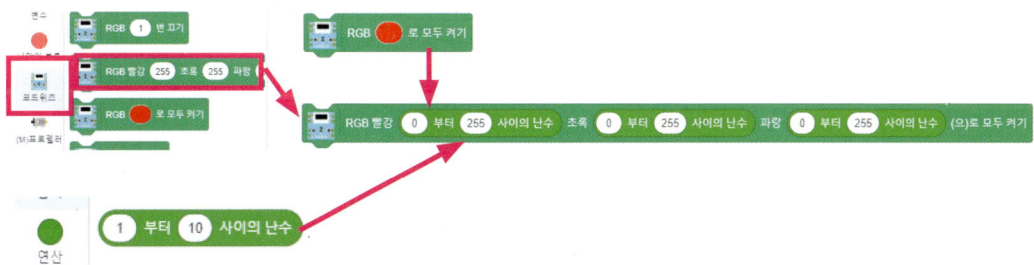

[코드위즈] 카테고리의 [RGB 빨강 255 초록 255 파랑 255 으로 모두 켜기] 블록을 가져와 원래 있던 RGB 빨간색으로 모두 켜기 블록과 바꾸어 줍니다. 그리고 [연산] 카테고리의 [0~10 사이의 난수] 블록을 가져와 [0~255 사이의 난수]로 변경한 뒤 빨강, 초록, 파랑의 255 값이 있는 자리에 넣어줍니다.

8 전체 알고리즘 정리하기

1) 기본코드 알고리즘

2) 응용코드 알고리즘

```
[클릭했을 때]
  RGB 초기화
  MCON 프로펠러 18▼ 에 사용하기
  무한 반복하기
    바람 을(를) [마이크센서 값] 값을 범위( 0 ~ 1023 )에서 새로운 범위( 30 ~ 70 )(으)로변경 로 정하기
    네오픽셀 을(를) [마이크센서 값] 값을 범위( 0 ~ 1023 )에서 새로운 범위( 0 ~ 255 )(으)로변경 로 정하기
    만약 바람 > 50 (이)라면
      멋진 비트박스네요 말하기
      MCON 프로펠러 18▼ 에 바람 내보내기(0~1023)
      RGB 밝기를 네오픽셀 로 설정 (0 ~ 255)
      RGB 빨강 0 부터 255 사이의 난수 초록 0 부터 255 사이의 난수 파랑 0 부터 255 사이의 난수 (으)로 모두 켜기
    아니면
      비트박스를 들려주세요 말하기
      MCON 프로펠러 18▼ 에 0 내보내기(0~1023)
      RGB 모두 끄기
```

4장

스마트화분

04 스마트화분

❶ 프로젝트 준비

학습 목표	토양수분센서의 원리를 이해하고 활용하여 물이 부족할 경우와 충분할 경우를 파악할 수 있다.
프리뷰	토양 수분값 측정, OLED 출력, RGB LED 켜기
핵심키워드	코드위즈, 토양수분센서, OLED, RGB LED
학습 시간	1시간
학습 난이도	하

❷ 준비물 알아보기

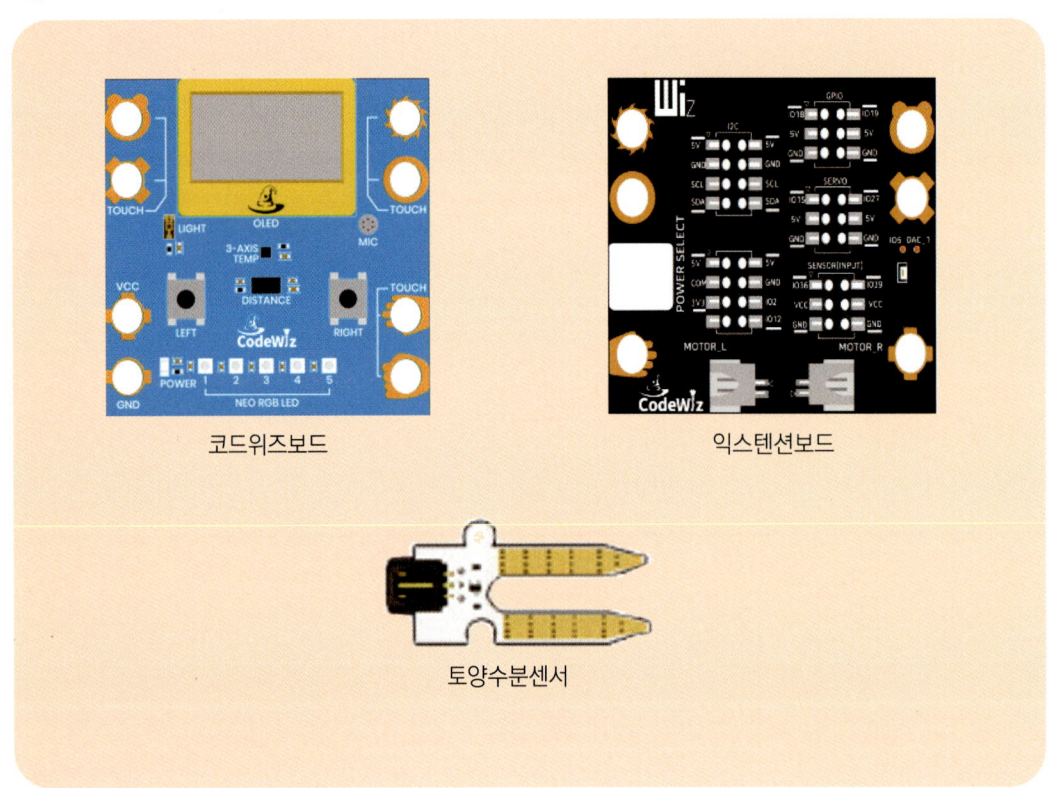

코드위즈보드   익스텐션보드

토양수분센서

3 센서 알아보기

1) 토양수분센서

토양수분감지센서는 화분과 같이 토양이 있는 곳에 꽂아서 토양의 수분량을 측정하는 센서입니다. 토양의 수분량을 측정하는 방식은 저항 값을 가지고 측정하는 방식입니다. 이 방식은 센서의 두 전극 부분에서 흐르는 저항값의 변화로 수분량을 측정하는 방식으로 수분의 함량이 많으면 저항 값이 줄어들어 전류가 잘 흐르게 되며 토양수분센서 값이 커지고, 수분량이 적어지면 저항값이 높아져서 전류가 잘 흐르지 않아 토양수분센서 값이 낮아지는 특징을 가지고 있습니다. 즉, 물이 있으면 토양은 더 많은 전기를 전도하게 되어 전류가 잘 흐르는 것입니다.

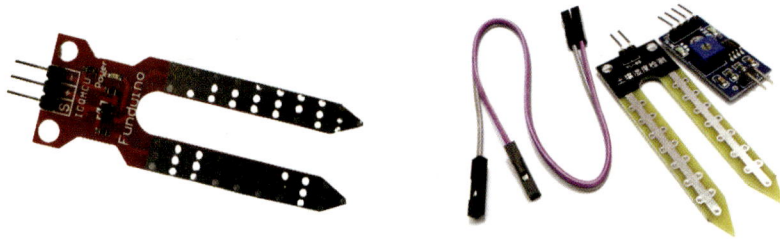

토양수분센서

이런 토양수분센서는가 생활속에서 사용되는 곳으로는 실내에서 키우는 농장의 수분량 조절 및 가정용 스마트팜, 기상관측소 및 스마트 온실 같은 곳에서 사용됩니다.

4 회로도 알아보기

스마트화분의 토양에 토양수분센서를 꽂아 화분의 수분양을 측정할 수 있도록 익스텐션 보드의 IO36번 핀에 토양수분센서를 연결합니다.

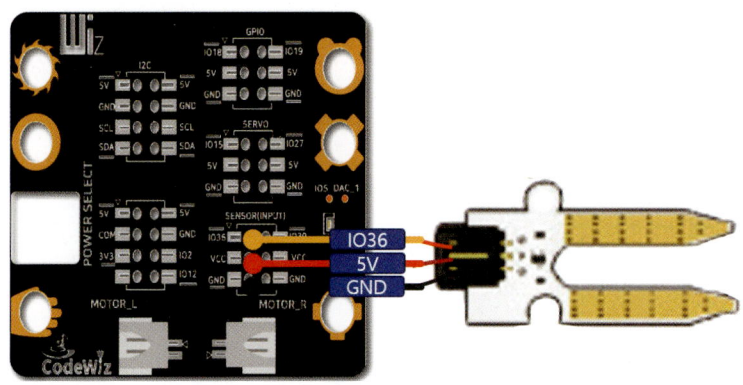

회로도

5 코딩스쿨로 코딩하기 (기본)

1) 연결하기

[코딩스쿨] 프로그램을 실행하고 코드위즈 보드와 컴퓨터를 USB케이블로 연결 후 코딩스쿨 3.0 프로그램에서 연결메뉴에서 **[코드위즈 연결]**을 선택한 후 **[포트 연결]** 창이 뜨면 **[OK]**를 클릭합니다.

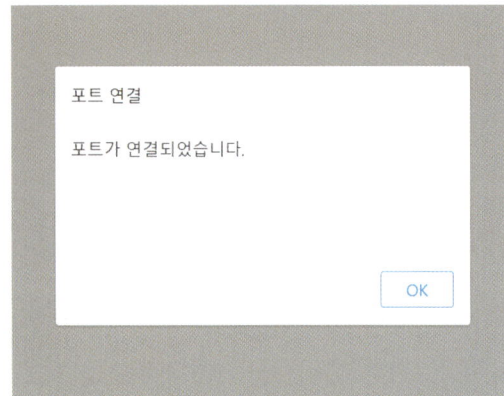

코드위즈의 블록이 생성된 것을 확인합니다.

2) 토양수분센서 값 확인하기

토양수분센서를 사용하기 위해서는 우선 코딩스쿨 3.0의 상단 메뉴에서 **[센서확장]**를 클릭합니다. 그 다음 **[코드위즈]**를 선택한 뒤 **[감지센서]**를 클릭하고 **[(M)토양수분센서]**를 선택하여 불러오기를 클릭합니다.

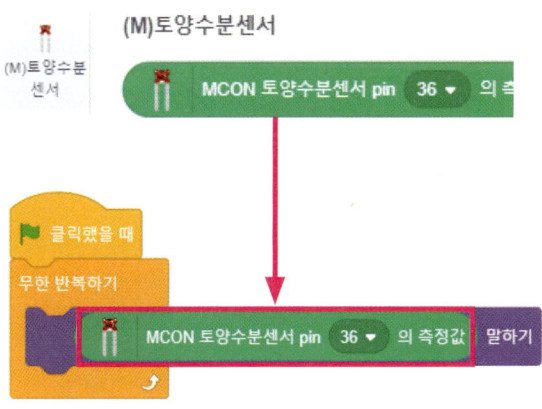

추가한 센서확장에서 토양수분센서의 값을 확인하기 위해서 **[깃발을 클릭했을 때 시작]** 할 수 있도록 블록을 삽입한 뒤, 계속해서 토양수분센서의 값을 읽어오기 위해 **[제어]** 카테고리의 **[무한 반복하기]** 블록을 삽입합니다.

그 뒤 **[토양수분센서]** 카테고리를 열어 **[MCON 토양수분센서 pin 36 의 측정값]** 블록을 가져와 **[형태]** 카테고리의 **[안녕 말하기]** 블록의 안녕 위치에 넣어줍니다.

수분량이 없을 경우

수분량이 클 경우

3) 코딩 따라하기

1-1 토양 수분 값 조건 설정하기

화분에 토양수분센서를 꽂아 측정된 토양 수분 값을 기준으로 물이 부족할 경우의 값을 정합니다.

조건식을 만들기 위해 [**제어**] 카테고리에서 [**만약 ~ 이라면 아니면**] 블록

을 가져와 [**무한 반복하기**] 안쪽에 삽입한 뒤 [**만약~ 이라면**] 블록의 조건에 [**MCON 토양수분센서 pin 36의 측정값**]과 [**연산**] 카테고리에서 [**~가 50보다 작다**]라는 비교블록을 가져와 50의 값을 300으로 변경합니다.

비교할 값이 기준 값 보다 클 경우	◯ > 50
비교할 값이 기준 값 보다 작을 경우	◯ < 50
비교할 값이 기준 값과 같을 경우	◯ = 50

1-2 토양 수분 값 말하기

만약 **[MCON 토양수분센서 pin 36의 측정값]**이 300보다 작다면 화분에 물이 부족한 상태이므로 '화분에 물 주세요!!'라고 말하기를 넣어줍니다.

토양수분값이 300보다 작지 않으면 화분이 물이 충분하므로 '물이 충분합니다' 말하기를 넣어줍니다.

1-3 기다리기 추가하기

토양수분센서의 측정값과 조건식에 해당하는 말하기가 너무 빨리 화면에 보여지기 때문에 **[제어]** 카테고리에서 **[1초 기다리기]** 블록을 가져와 0.5초로 변경한 뒤 말하기의 아래쪽 3곳에 모두 추가해줍니다.

4장 스마트화분 **67**

6 센서 확장하기 (응용)

1) RGB LED 추가하기

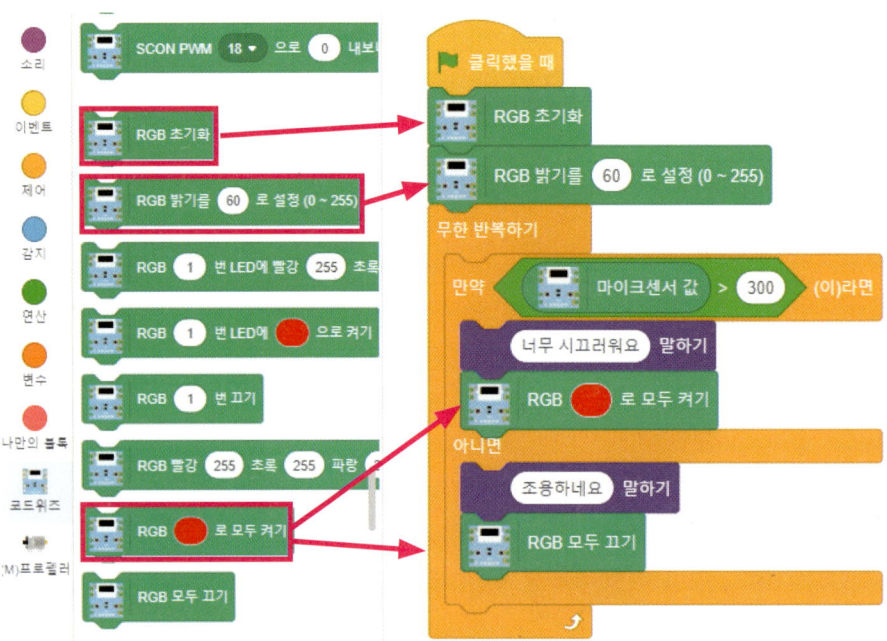

토양수분센서 값에 따라 RGB LED를 켜기 위해서는 가장 먼저 필수적으로 [코드위즈] 카테고리에서 RGB 초기화를 가져와서 [무한 반복하기] 위쪽에 삽입해줍니다. 그 뒤 [RGB밝기를 60 로 설정] 블록을 아래에 넣어 적당한 밝기로 조절합니다. 숫자가 클수록 밝아지며 최대값은 255 입니다.

토양수분센서 값이 300보다 작을 경우 알림을 표현하기 위해서 [RGB를 빨간색으로 모두 켜기]를 가져와 [만약 ~ 라면] 조건식의 기다리기 블록 아래에 삽입해줍니다. 토양수분센서 값이 300보다 클 경우는 [아니면] 조건식에 [RGB를 빨간색으로 모두 켜기] 블록에서 빨간색을 파란색으로 변경해줍니다.

2) OLED 추가하기

OLED를 사용하기 위해서는 가장 먼저 필수적으로 [코드위즈] 카테고리에서 [OLED 초기화] 블록을 가져와 [무한 반복하기] 블록 위쪽에 삽입해줍니다.

1-1 토양수분값이 작을 때 OLED 글자표시하기

만약 조건에 **[MCON 토양수분센서 pin 36의 측정값]** 이 300보다 작을때는 화분에 물이 부족한 상태이므로 글자를 표시하기 위해 **[코드위즈]** 카테고리에서 **[OLED 지우기]** 블록을 넣어 초기값으로 표시되는 codewiz 글자를 지워준 뒤 **[OLED에 한글포함 코드위즈 Magic!! 출력]** 블록을 가져온 뒤 '화분에 물 주세요!!'로 변경합니다.

1-2 토양 수분 값 OLED에 표시하기

지금 현재 토양 수분 값을 화면과 함께 OLED에도 같이 표시하기 위해서 **[연산]** 카테고리에서 **[apple과 banana 결합하기]** 블록을 가져와 apple을 value: 로 변경합니다. 그 뒤 **[MCON 토양수분센서 pin 36의 측정값]** 블록을 가져와 banana 위치에 넣어줍니다.

만든 블록을 **[OLED에 HelloWorld 출력]** 블록에서 HelloWorld 자리에 넣어줍니다. 출력한 글자를 살펴보면 아래의 화문에 물 주세요!! 글자보다 토양 수분 값을 나타내는 글자가 작게 표시되는 것을 볼 수 있습니다. 아래의 한글 글자와 같은 크기로 나타내기 위해서 **[OLED 문자열 크기를 3 으로 설정]** 블록을 가져와 2로 변경하여 삽입해줍니다.

1-3 토양수분값이 클 때 OLED 글자표시하기

아니면 조건은 **[MCON 토양수분센서 pin 36의 측정값]**이 300 보다 클때이므로 화분에 물이 충분한 상태를 표시하기 위해 **[코드위즈]** 카테고리에서 **[OLED 지우기]** 블록을 넣어 이전에 나타난 글자를 지워준 뒤 **[OLED에 한글포함 코드위즈 Magic!! 출력]** 블록을 가져온 뒤 '물이 충분 합니다'로 변경합니다.

3) 스피커 추가하기

스피커 소리를 내기 위해서는 필수적으로 [스피커 초기화] 블록을 사용해 초기화를 해주어야 합니다. 토양 수분의 값이 300 보다 작을 경우에 [스피커 초기화] 블록을 삽입한 뒤 아래에 [스피커 C 음 4 옥타브로 4 분음표로 연주하기] 블록을 가져와 원하는 계이름의 소리로 변경 한뒤 삽입해 줍니다. 두 개 이상의 소리를 번갈아 내고 싶을 경우에는 [기다리기] 블록을 이용하여 시간차를 둔 뒤 원하는 소리를 추가로 만들어 삽입해줍니다.

토양 수분이 값이 300보다 커서 화분의 물이 충분할 경우에는 스피커로 알림음을 내지 않아도 되므로 아니면 조건식 가장 아래쪽에 [스피커 끄기] 블록을 추가해줍니다.

7 응용하기

1) 토양수분센서 값을 변수로 변경해보기

토양수분센서 값을 변수로 만들어 보세요.

[변수] 카테고리에서 [수분양] 이름으로 변수를 만든 뒤 [MCON 토양수분센서 pin 36의 측정값] 블록을 [수분양을 MCON 토양수분센서 pin 36의 측정값 로 정하기] 블록으로 변경해줍니다. 변경된 블록을 [만약~ 라면] 조건블록 위에 추가해 줍니다.

> 📌 기본코드의 [MCON 토양수분센서 pin 36의 측정값] 말하기 블록은 화면에 토양수분센서의 값을 확인하기 위해 추가한 블록입니다. 변수를 만들어서 변수값을 화면에 표시할 경우 항상 토양수분센서 값을 확인할 수 있으므로 해당 블록은 삭제하였습니다.

2) 토양수분센서 값에 따라 신호 보내기

토양수분센서 값의 조건에 따라 신호보내기를 이용해 RGB LED와 OLED의 글자, 스피커의 소리가 출력되도록 변경해보세요.

[이벤트] 카테고리에서 [물부족]과 [물충분] 이름으로 새로운 메세지를 2개 만들어줍니다

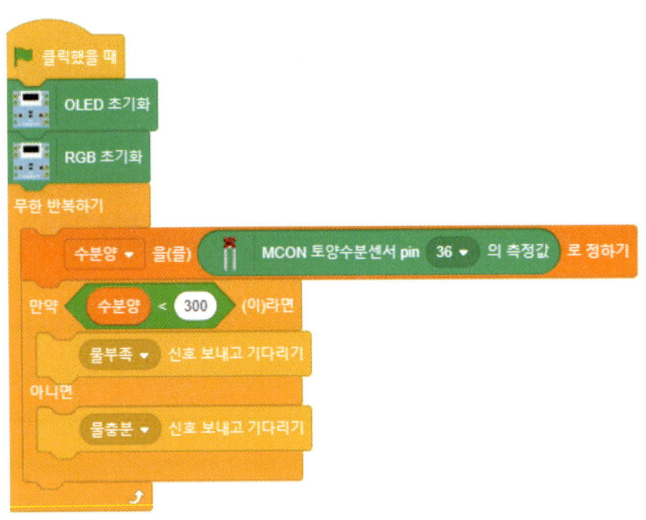

수분양 변수의 값이 300보다 작다면 [물부족 신호 보내고 기다리기] 블록으로 변경해줍니다.
수분양이 300보다 작지 않은 경우에는 [물충분 신호 보내고 기다리기] 블록으로 변경해줍니다.

[**만약~ 이라면**] 조건식 아래의 블록들은 [**물부족 신호를 받았을 때**] 블록 아래쪽으로 이동해 붙여 줍니다. [**아니면**] 조건식 아래의 블록들은 [**물충분 신호를 받았을 때**] 블록 아래쪽으로 이동해 붙여 줍니다.

8) 전체 알고리즘 정리하기

1) 기본코드 알고리즘

2) 응용코드 알고리즘

5장

정류장 송풍기

05 정류장 송풍기

❶ 프로젝트 준비

학습 목표	인체감지센서가 사람을 감지하면 프로펠러 모터를 작동시킬 수 있다.
프리뷰	인체감지센서 작동, 네오픽셀 켜기, OLED 글자쓰기, 프로펠러 모터 속도조정
핵심키워드	코드위즈, 인체감지센서, 프로펠러 모터, 네오픽셀, OLED
학습 시간	1시간 30분
학습 난이도	중

❷ 준비물 알아보기

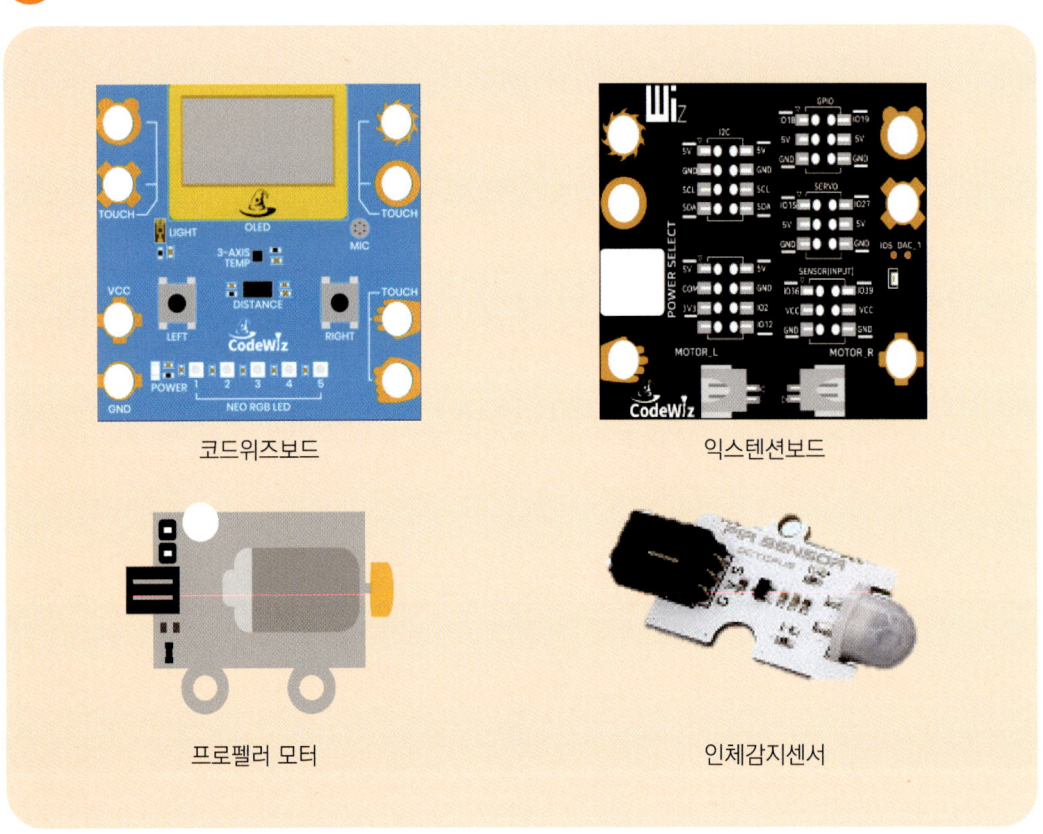

코드위즈보드   익스텐션보드

프로펠러 모터   인체감지센서

3 센서 알아보기

1) 인체감지센서

인체감지센서는 PIR(Passive Infrared Sensor)센서라고도 불리는데 적외선을 방출하는 물체의 움직임을 감지하여 반응하는 센서입니다. 수동형 적외선 동작감지센서 라고도 말하며 다양한 물체 에서 방출되는 복사선을 감지해서 동작하는 원리입니다. 사람의 체온은 일정하지만 사람마다 각자 방출되는 적외선이 방출되는 양은 모두 다릅니다. 이런 적외선을 방출하는 물체가 움직이면 적외선의 변화량이 생기며 이런 변화의 차이를 이용해 인체의 존재유무를 감지하는 것이 적외선 인체감지센서 입니다. 인체감지센서는 표면에 곡면으로 된 렌즈가 붙어 있는데 이 렌즈는 볼록렌즈처럼 더 많은 빛을 모아서 센서에 전달할 수 있는 구조로 제작되어 있는 특징을 가지고 있습니다.

적외선 인체감지센서

이런 인체감지센서가 생활속에서 활용되는 현관에 부착된 센서등 및 화장실에 부착되어 사람의 움직임에 따라 불이 켜지는 재실등 뿐만 아니라 적외선을 이용한 열화상 카메라나 침입감지 시스템 파악을 위한 CCTV 등 다양한 분야에서 활용되고 있습니다.

4 회로도 알아보기

인체감지센서의 감지유무에 따라 프로펠러 모터를 동작하기 위해 익스텐션 보드에 프로펠러 모터를 연결합니다. IO18번 핀에는 인체감지센서를 연결하고, IO19번에는 프로펠러 모터를 연결해줍니다.

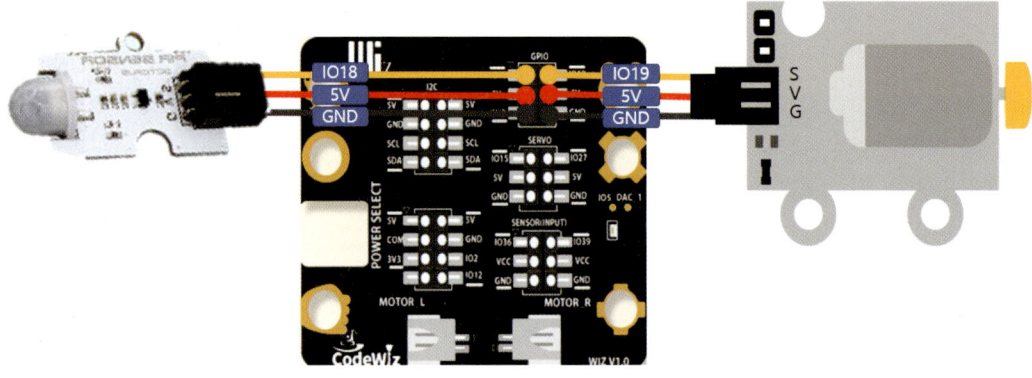

회로도

5 코딩스쿨로 코딩하기 (기본)

1) 연결하기

[코딩스쿨] 프로그램을 실행하고 코드위즈 보드와 컴퓨터를 USB케이블로 연결 후 코딩스쿨 3.0 프로그램에서 연결메뉴에서 [코드위즈 연결]을 선택한 후 [포트 연결] 창이 뜨면 [OK]를 클릭합니다.

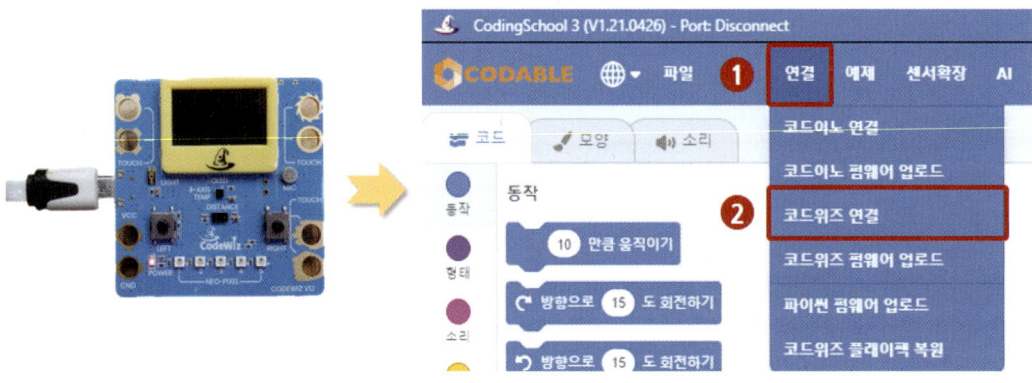

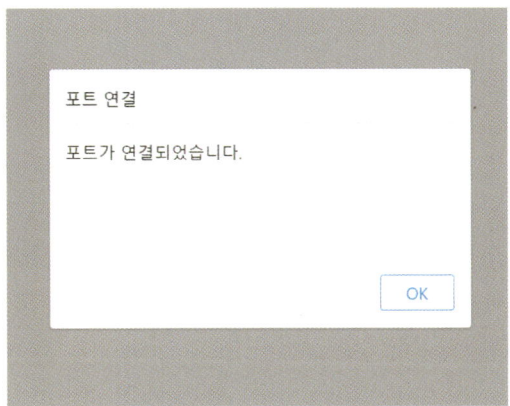

코드위즈의 블록이 생성된 것을 확인합니다.

2) 인체감지센서 값 확인하기

인체감지센서를 사용하기 위해서는 우선 코딩스쿨 3.0의 상단 메뉴에서 **[센서확장]**를 클릭합니다. 그 다음 **[코드위즈]**를 선택한 뒤 **[감지센서]**를 클릭하고 **[포토인터럽트]**를 선택하여 불러오기를 클릭합니다.

> 📌 코드위즈의 익스텐션 보드에 없는 센서를 연결할 경우 범용적으로 사용되는 IO18, 19번 핀을 연결하여 유사한 동작을 하는 센서들로 대체하여 사용할 수 있습니다. 이번 정류장 송풍기에서는 인체감지센서의 동작과 비슷하게 물체감지를 할 수 있는 **[포토인터럽트]** 센서를 사용하였습니다.

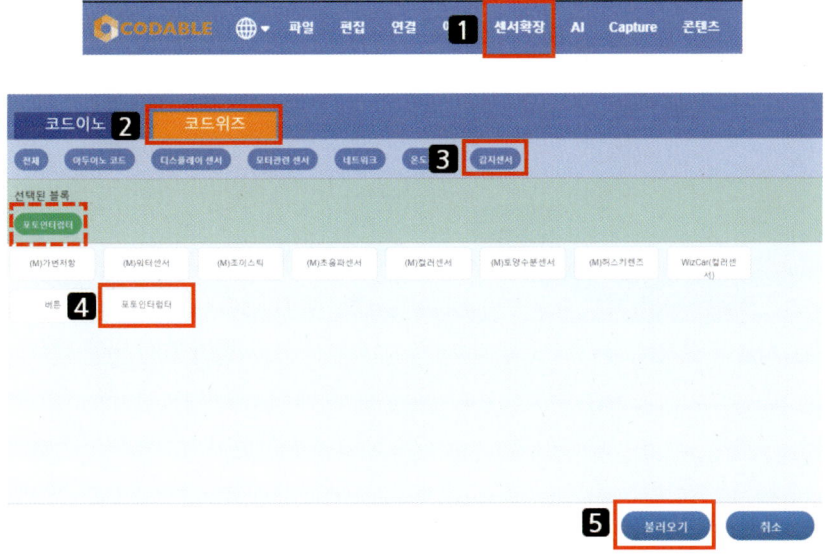

추가한 센서확장에서 인체감지센서의 유무를 확인하기 위해서 [깃발을 클릭했을 때 시작] 할 수 있도록 블록을 삽입한 뒤, 계속해서 인체감지센서의 값을 감지하기 위해 [제어] 카테고리의 [무한 반복하기] 블록을 삽입합니다.

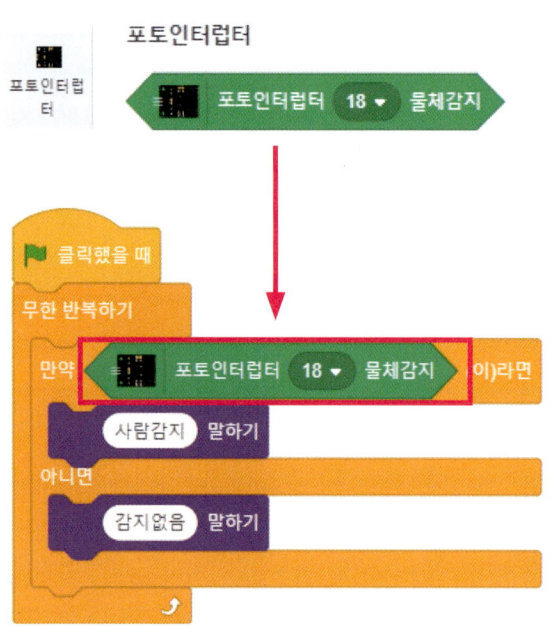

그 뒤 인체감지센서의 유무에 따라 말할 수 있도록 조건식을 만들기 위해 [제어] 카테고리의 [안약~ 라면 아니면] 블록을 가져와 무한반복하기 안쪽에 삽입한 뒤 [포토인터럽트] 카테고리를 열어 [포토인터럽트 18 물체감지] 블록을 [만약 ~ 라면] 안쪽의 조건식에 삽입해줍니다.

만약 인체감지센서의 사람이 감지되었다면 화면에 사람감지를 표시하기 위해서 [형태] 카테고리의 [안녕 말하기]를 가져와 '사람감지'로 변경해줍니다. 사람이 감지되지 않으면 '감지안됨'을 말하도록 블록을 삽입해줍니다.

사람이 감지될 경우

사람이 감지 안될 경우

3) 코딩 따라하기

1-1 인체감지센서 값에 따라 말하기

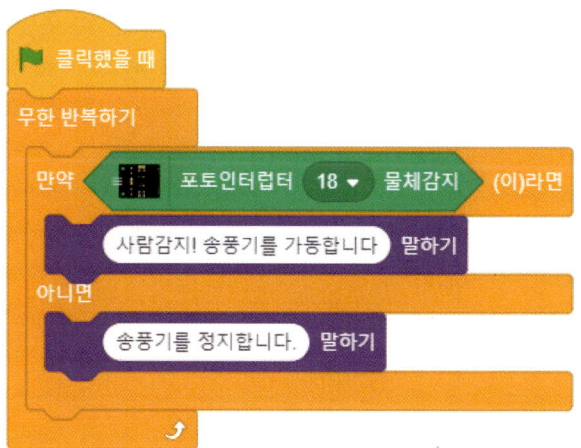

만약 인체감지센서에 감지된다면 송풍기를 가동하기 위해서 [제어] 카테고리의 [안녕 말하기]를 가져와 '사람감지! 송풍기를 가동합니다'로 변경해줍니다.

인체감지센서에 사람이 감지되지 않았다면 송풍기가 정지되어야 하므로 '송풍기를 정지합니다' 말하기를 넣어줍니다.

1-2 프로펠러 모터 추가하기

프로펠러 모터를 사용하기 위해서는 우선 코딩스쿨 3.0의 상단 메뉴에서 [센서확장]를 클릭합니다. 그 다음 [코드위즈]를 선택한 뒤 [모터관련 센서]를 클릭하고 [(M)프로펠러]를 선택하여 불러오기를 클릭합니다.

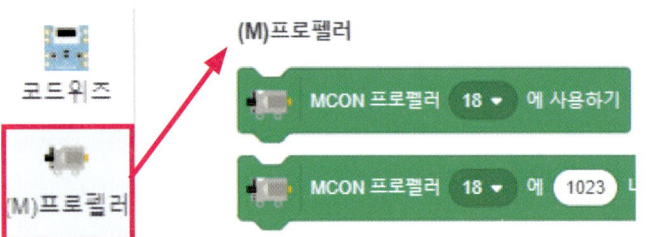

블록을 불러오면 **[코드위즈]** 카테고리 아래에 **[(M)프로펠러]** 카테고리가 생성된 것을 확인할 수 있습니다. 카테고리를 클릭하면 2개의 블록이 추가적으로 나타난 것을 확인할 수 있습니다.

1-3 프로펠러 모터 핀 설정

회로도에서 프로펠러 모터를 IO19번에 연결하였으므로 **[(M)프로펠러]** 핀을 19번으로 설정해 줍니다.

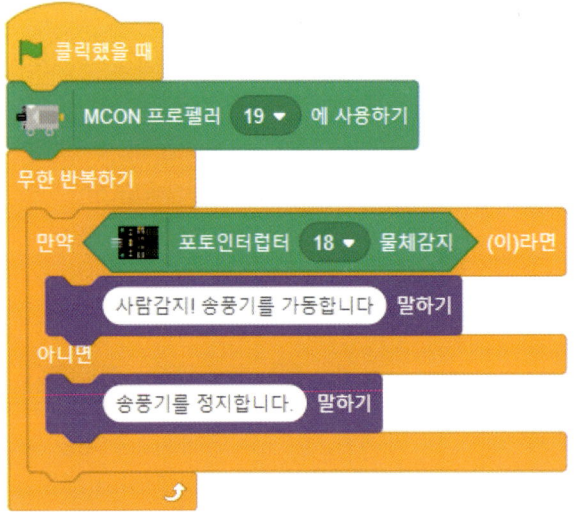

[깃발을 클릭했을 때] 아래에 **[MCON 프로펠러 19에 사용하기]**로 블록을 설정하여 넣어줍니다.

1-4 프로펠러 모터 값 설정하기

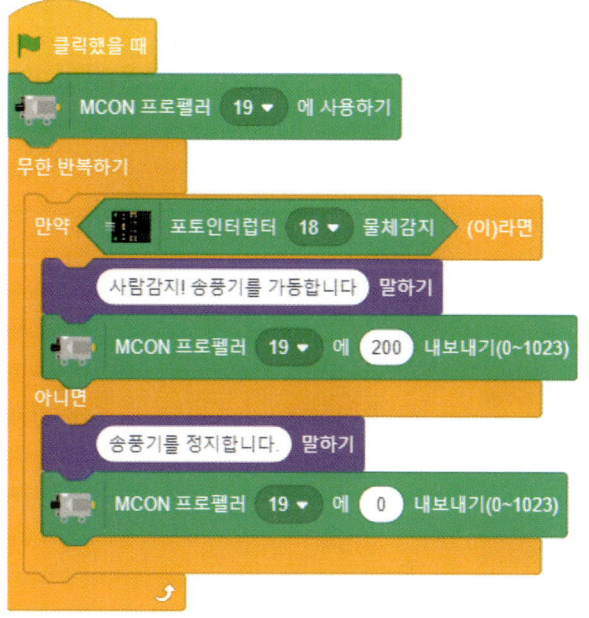

인체감지센서에 사람이 감지 된 경우에는 프로펠러가 회전할 수 있도록 **[MCON 프로펠러 19에 1023 내보내기]** 블록을 가져와 200으로 값을 변경해 줍니다.

인체감지센서에 사람이 감지가 안 된 경우에는 프로펠러를 멈추기 위해서 **[MCON 프로펠러 18에 1023 내보내기]** 블록을 가져와 0으로 값을 변경해 줍니다.

1-5 왼쪽버튼 누를 때 프로펠러 모터값 변경하기

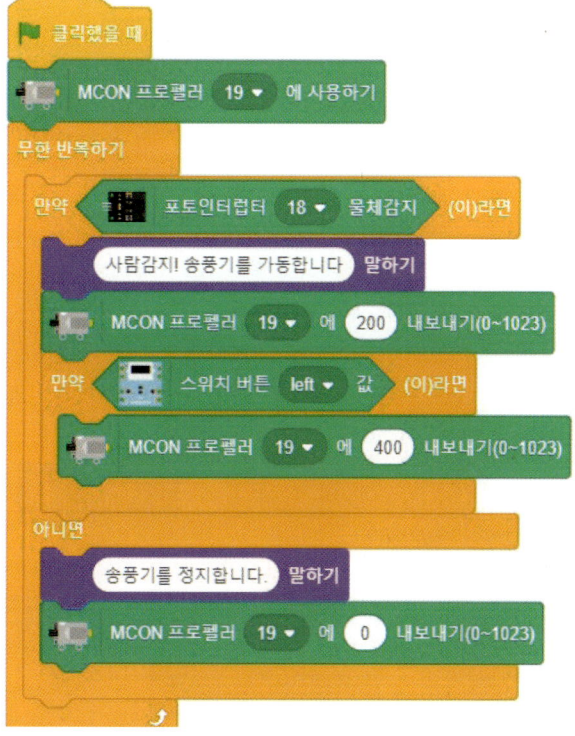

만약 인체감지센서의 사람이 감지된 상태에서 버튼을 누르면 프로펠러 모터가 더 빨리 회전할 수 있도록 하기 위해 **[MCON 프로펠러 19에 200 내보내기]** 블록 아래에 **[만약 ~ 라면]** 조건식을 추가하고 **[스위치 버튼 left 값]** 을 조건식으로 추가한다음 왼쪽 버튼을 클릭할 경우 **[MCON 프로펠러 19에 400 내보내기]**로 값을 변경하여 줍니다.

1-6 오른쪽버튼 누를 때 프로펠러 모터 값 변경하기

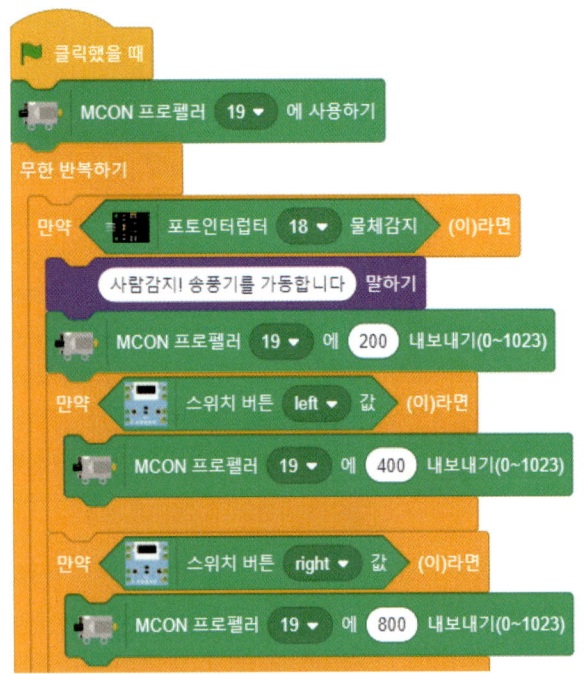

만약 왼쪽버튼이 아닌 오른쪽 버튼을 누를 경우 프로펠러 모터를 더 빠르게 회전하기 위해 **[만약 스위치 버튼 left 값 이라면]** 블록 아래에 **[만약 ~ 라면]** 조건식을 하나 더 추가하고 **[스위치 버튼 right 값]**을 조건식으로 추가한 다음 오른쪽 버튼을 클릭할 경우 **[MCON 프로펠러 19에 800 내보내기]**로 값을 변경하여 줍니다.

6 센서 확장하기 (응용)

1) RGB LED 추가하기

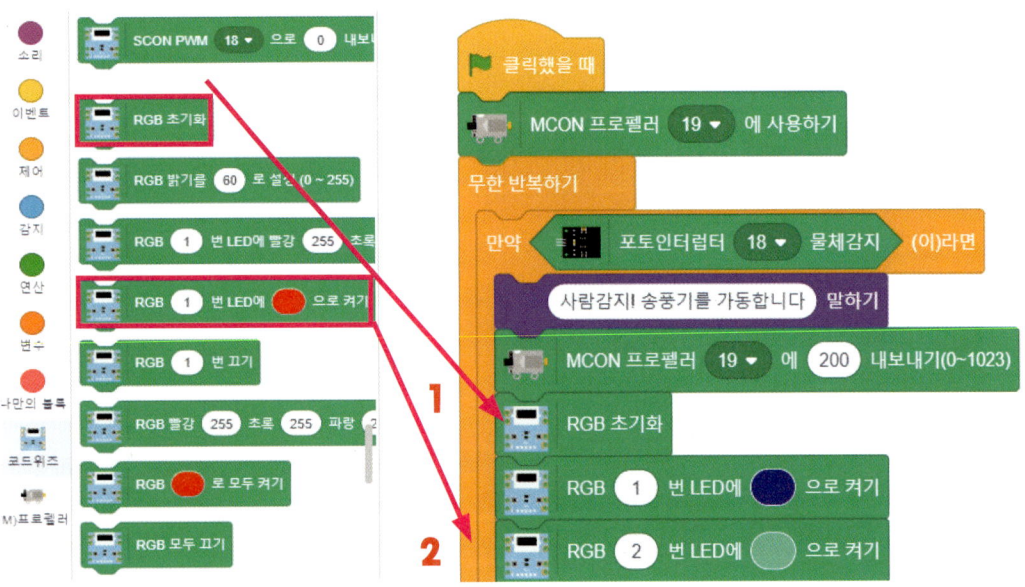

1-1 인체감지센서에 사람이 감지되었을 때 RGB LED 켜기

[MCON 프로펠러 19 번의 값]에 따라 RGB LED를 켜기 위해서는 가장 먼저 필수적으로 [코드위즈] 카테고리에서 RGB 초기화를 가져와서 [MCON 프로펠러 19 번에 200 내보내기] 아래쪽에 삽입 해줍니다. 그 뒤 프로펠러의 회전 강도를 표현하기 위해 [MCON 프로펠러 19 번의 값]이 200 이면 [RGB 1번 LED에 파란색으로 켜기]를 삽입하고, 그 아래에는 [RGB 2번 LED에 하늘색으로 켜기]로 추가해 줍니다.

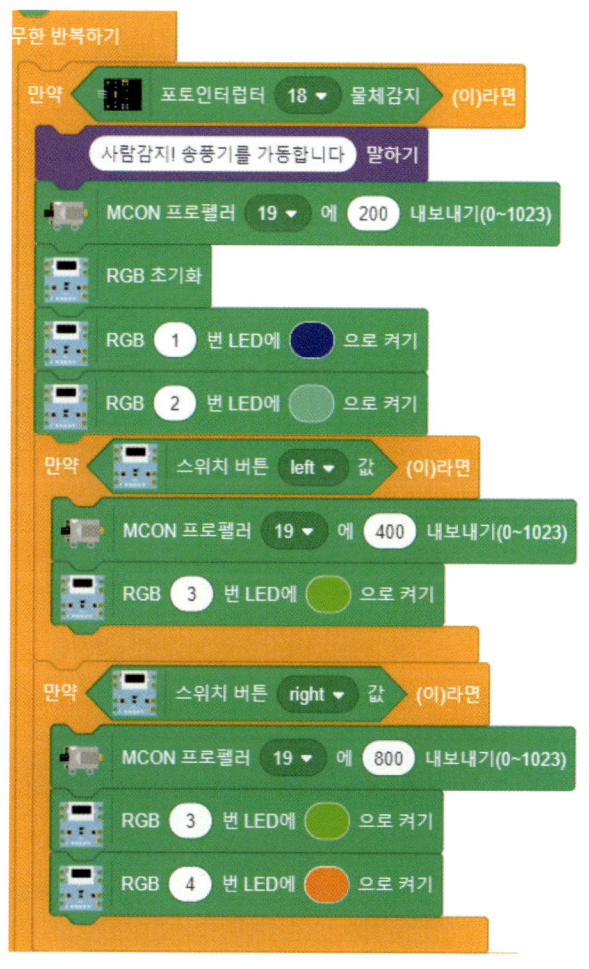

1-2 스위치 버튼을 눌렀을 때 RGB LED 켜기

만약 스위치 버튼 왼쪽이 눌려지고 [MCON 프로펠러 19 번의 값]이 400 이면 [RGB 3번 LED에 연두색으로 켜기]를 삽입하고, 만약 스위치 버튼 오른쪽이 눌려지고 [MCON 프로펠러 19 번의 값]이 800 일 경우 [RGB 3번 LED에 연두색으로 켜기], [RGB 4번 LED에 주황색으로 켜기]를 삽입하여 프로펠러 모터의 회전 강도에 따라 순서대로 RGB LED가 켜지도록 추가해줍니다.

1-3 인체감지센서에 사람이 감지되지 않으면 RGB LED 끄기

인체감지센서에 사람이 감지되지 않을 경우에는 **[MCON 프로펠러 19번의 값]** 이 0으로 프로펠러 회전이 정지되므로 이때는 **[RGB 모두 끄기]**를 추가합니다.

2) OLED 추가하기

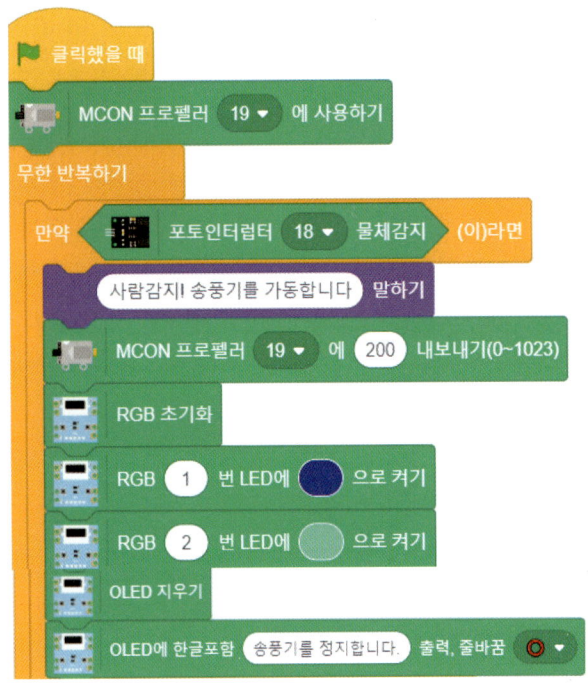

1-1 인체감지센서에 사람이 감지되었을 때 OLED 글자표현하기

OLED를 사용하기 위해서는 가장 먼저 필수적으로 **[코드위즈]** 카테고리에서 **[OLED 초기화]** 블록을 가져와 **[무한 반복하기]** 블록 위쪽에 삽입해줍니다.

만약 인체감지센서에 사람이 감지되면 글자를 표현할 수 있도록 RGB LED를 켜는 부분 아래에 기본 글자를 지울 수 있도록 **[코드위즈]** 카테고리에서 **[OLED 지우기]** 블록을 넣어 초기값으로 표시되는 codewiz 글자를 지워준 뒤 **[OLED에 한글포함 코드위즈 Magic!! 출력]** 블록을 가져온 뒤 '송풍기를 가동합니다'로 변경합니다.

1-2 인체감지센서에 사람이 감지되지 않았을 때 OLED 글자표현하기

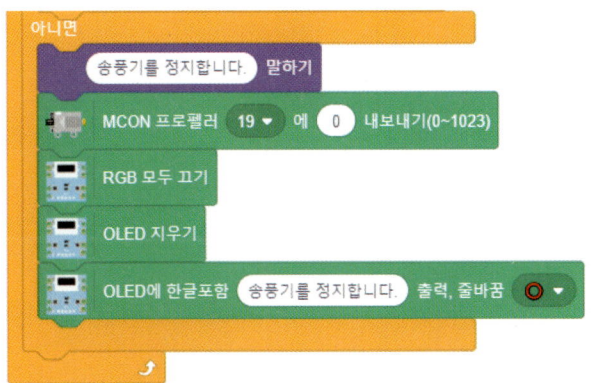

인체감지센서에 사람이 감지되지 않을 때에도 글자를 표현할 수 있도록 **[RGB 모두 끄기]** 블록 아래에 이전글자를 지울 수 있도록 **[코드위즈]** 카테고리에서 **[OLED 지우기]** 블록을 넣어 글자를 지워준 뒤 **[OLED에 한글포함 코드위즈 Magic!! 출력]** 블록을 가져와서 '송풍기를 정지합니다'로 변경합니다.

7 응용하기

1) 카운트 변수 추가해보기

버튼을 눌렀을 때 프로펠러 모터의 회전속도가 변할 수 있도록 변수를 추가해보세요.

[변수] 카테고리에서 **[바람세기]** 이름으로 변수를 만든 뒤 **[무한반복]** 위쪽에 **[바람세기를 0로 정하기]** 블록을 추가해 변수를 초기화합니다.

2) 버튼을 눌렀을 때 프로펠러 모터의 강도를 랜덤으로 바꾸기

스위치 버튼 왼쪽이나 오른쪽을 누를 경우 프로펠러 모터의 강도가 랜덤하게 될 수 있도록 변경해보세요.
스위치 버튼 왼쪽이나 오른쪽을 둘 중 하나라도 누를 경우 프로펠러 모터의 강도를 변경하기 위해서는 우선 **[만약 ~ 이라면]** 블록 안쪽에 **[~ 또는 ~]**의 or 조건의 연산자를 추가한 후 **[스위치 버튼 left 값 또는 스위치 버튼 right 값]** 으로 변경해줍니다.
그 뒤 **[연산]** 카테고리의 **[1부터 10사이의 난수]** 블록을 가져와서 **[1부터 4사이의 난수]**로 바꾼 뒤 변수 **[바람세기를 0으로 정하기]** 블록에서 0 위치에 삽입해줍니다.
마지막으로 **[MCON 프로펠러 19에 1023 내보내기]** 블록을 가져와 1023 대신 **[연산]** 카테고리에서 곱하기 연산자를 가져와 변수 **[바람세기]** 값 200으로 변경해줍니다.

3) 프로펠러 모터를 정지할 때 변수 초기화하기

인체감지센서에 사람이 감지되지 않았을 경우 프로펠러 모터가 정지할 수 있도록 변수를 초기화 해보세요.

변수를 추가해서 버튼이 눌러졌을 때 랜덤한 강도로 프로펠러 모터가 회전하게 되면, 인체감지센서에 사람이 감지되지 않았울 경우에도 이전 변수가 바뀌지 않고 남아있어 프로펠러 모터가 정지하지 않게 됩니다.
따라서 프로펠러 모터를 완전히 정지하기 위해서는 **[MCON 프로펠러 19에 0 내보내기]** 위쪽에 **[바람세기를 0으로 정하기]** 블록을 추가해 반드시 변수를 다시 초기화 해주어야 합니다.

8) 전체 알고리즘 정리하기

1) 기본코드 알고리즘

```
▶ 클릭했을 때
MCON 프로펠러 19▼ 에 사용하기
OLED 초기화
무한 반복하기
    만약 포토인터럽터 18▼ 물체감지 (이)라면
        사람감지! 송풍기를 가동합니다 말하기
        MCON 프로펠러 19▼ 에 200 내보내기(0~1023)
        RGB 초기화
        RGB 1 번 LED에 ● 으로 켜기
        RGB 2 번 LED에 ○ 으로 켜기
        OLED 지우기
        OLED에 한글포함 송풍기를 가동합니다. 속력, 줄바꿈 ●
        만약 스위치 버튼 left▼ 값 (이)라면
            MCON 프로펠러 19▼ 에 400 내보내기(0~1023)
            RGB 3 번 LED에 ● 으로 켜기
        만약 스위치 버튼 right▼ 값 (이)라면
            MCON 프로펠러 19▼ 에 800 내보내기(0~1023)
            RGB 3 번 LED에 ● 으로 켜기
            RGB 4 번 LED에 ● 으로 켜기
    아니면
        송풍기를 정지합니다. 말하기
        MCON 프로펠러 19▼ 에 0 내보내기(0~1023)
        RGB 모두 끄기
        OLED 지우기
        OLED에 한글포함 송풍기를 정지합니다. 속력, 줄바꿈 ●
```

2) 응용코드 알고리즘

▶ 클릭했을 때
- MCON 프로펠러 19 에 사용하기
- OLED 초기화
- 바람세기 ▼ 을(를) 0 로 정하기
- 무한 반복하기
  - 만약 〈포토인터럽터 18 ▼ 물체감지〉(이)라면
    - 「사람감지! 선풍기를 가동합니다.」 말하기
    - OLED 지우기
    - OLED에 한글포함 「선풍기를 가동합니다.」 출력, 줄바꿈 ●▼
    - RGB 초기화
    - RGB ● 로 모두 켜기
    - MCON 프로펠러 19 ▼ 에 200 내보내기(0~1023)
    - 만약 〈스위치 버튼 left ▼ 값 또는 스위치 버튼 right ▼ 값〉(이)라면
      - 바람세기 ▼ 을(를) 1 부터 4 사이의 난수 로 정하기
      - MCON 프로펠러 19 ▼ 에 바람세기 × 200 내보내기(0~1023)
      - RGB 초기화
      - RGB ● 로 모두 켜기
  - 아니면
    - 「선풍기를 정지합니다.」 말하기
    - OLED 지우기
    - OLED에 한글포함 「선풍기를 정지합니다.」 출력, 줄바꿈 ●▼
    - RGB ● 로 모두 켜기
    - 바람세기 ▼ 을(를) 0 로 정하기
    - MCON 프로펠러 19 ▼ 에 0 내보내기(0~1023)

6장
등굣길 안전 지킴이

06 등굣길 안전 지킴이

❶ 프로젝트 준비

학습 목표	초음파센서를 사용하여 거리를 측정할 수 있으며 거리에 따라 서보모터를 동작하고 네오픽셀을 켤수 있다.
프리뷰	초음파 거리측정, 네오픽셀 켜기, OLED 글자쓰기, 서보모터 각도조정
핵심키워드	코드위즈, 초음파센서, 서보모터, 네오픽셀, OLED
학습 시간	1시간 30분
학습 난이도	중

❷ 준비물 알아보기

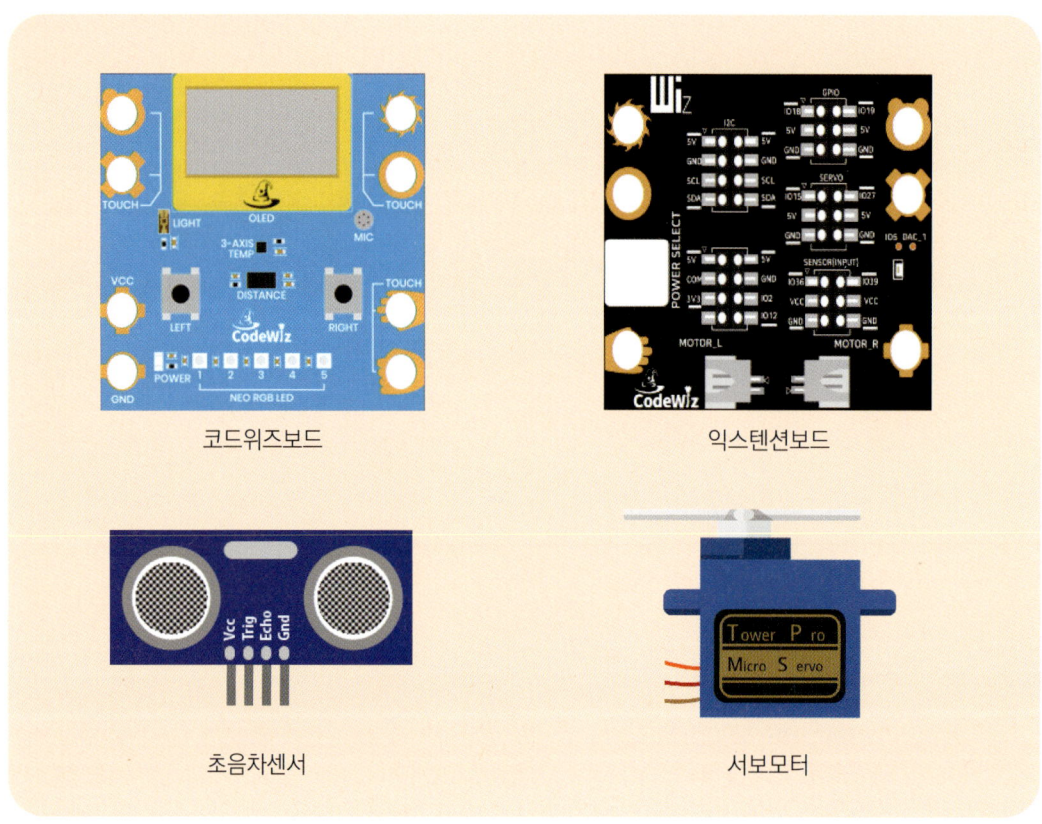

코드위즈보드 / 익스텐션보드 / 초음차센서 / 서보모터

3 센서 알아보기

1) 초음파센서

초음파센서는 비접촉식 방식으로 앞에 보이는 두 눈처럼 생긴 부분으로 초음파를 발사해 물체를 감지하거나 거리를 측정하는 방식을 사용합니다. 이런 방식은 동물들에서 볼 수 있는데 박쥐가 동굴에서 장애물을 피해가거나 돌고래가 먹이를 찾는 방식과 비슷합니다. 초음파는 인간의 청력범위(20Khz)를 벗어난 영역의 주파수를 발사하여 존재를 감지하거나 거리를 측정합니다. 한쪽 센서에서 발사한 초음파는 물체에 닿고 다시 반사되어 돌아온 초음파를 반대쪽에서 받아 그 거리를 측정하여 초음파가 되돌아온 시간으로부터 거리를 측정하는 방식입니다. 따라서 초음파를 발생시키는 엑츄에이터(송신기)와 센싱(수신기)부가 반드시 필요합니다.

초음파센서

초음파센서는 습기가 많은 환경에서도 사용할 수 있는 장점이 있지만 바람이나 온도, 압력에 따라 영향을 받고, 표면이 거친 경우 측정된 거리에 오차가 발생할 수 있습니다. 초음파 센서가 주로 사용되는 곳은 로봇청소기 및 스마트폰의 알림에도 초음파 기술이 활용됩니다. 또한 드론의 호버링 기술에도 거리측정을 위해 초음파가 사용되며 물의 수위를 감지하는 곳에도 사용이 됩니다.

4 회로도 알아보기

거리를 감지하게 위해 초음파센서의 Trig는 IO2번, Echo는 IO12번에 연결합니다. 그리고 초음파센서에 따라 각도를 변경할 서보모터는 IO15번에 연결해줍니다.

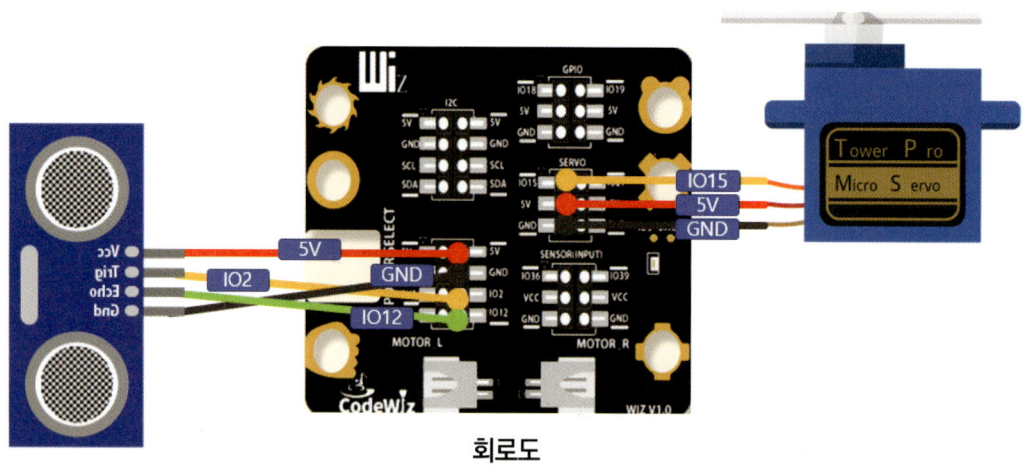

회로도

5 코딩스쿨로 코딩하기 (기본)

1) 연결하기

[코딩스쿨] 프로그램을 실행하고 코드위즈 보드와 컴퓨터를 USB케이블로 연결 후 코딩스쿨 3.0 프로그램에서 연결메뉴에서 **[코드위즈 연결]**을 선택한 후 **[포트 연결]** 창이 뜨면 **[OK]**를 클릭합니다.

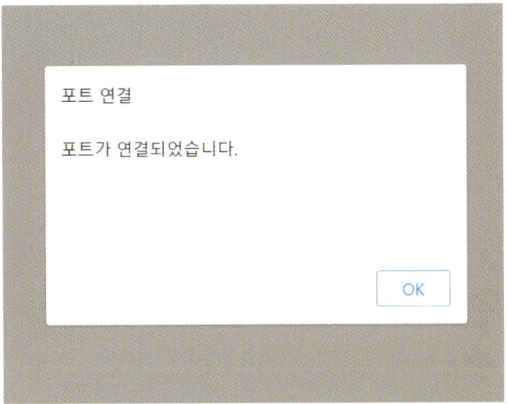

코드위즈의 블록이 생성된 것을 확인합니다.

2) 초음파센서 값 확인하기

초음파센서를 사용하기 위해서는 우선 코딩스쿨 3.0의 상단 메뉴에서 **[센서확장]**를 클릭합니다. 그 다음 **[코드위즈]**를 선택한 뒤 **[감지센서]**를 클릭하고 **[초음파센서]**를 선택하여 불러오기를 클릭합니다.

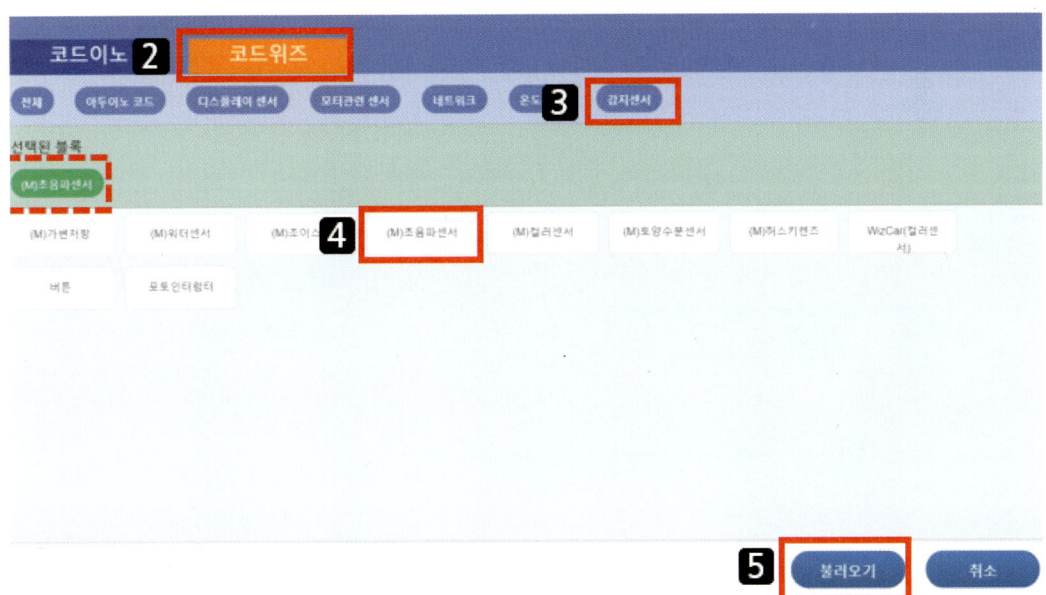

📌 코드위즈의 초음파센서를 연결할 경우 블록이 회색으로 나타나는 것을 확인할 수 있습니다. 코딩스쿨 3.0은 다양한 모드를 지원하는데 초음파센서의 경우 코드를 코드위즈에 업로드 하여야 결과를 확인할 수 있습니다.

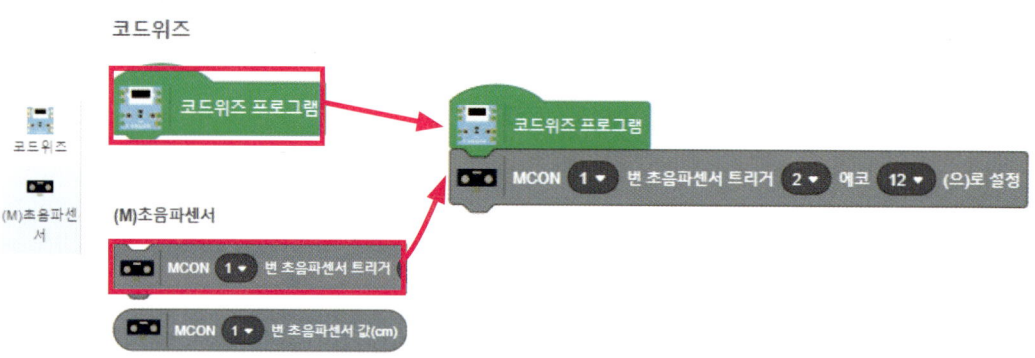

초음파센서의 업로드모드를 사용하기 위해서는 **[코드위즈]** 카테고리에서 **[코드위즈 프로그램]** 블록으로 시작하여야 합니다. 그 아래쪽에 추가한 **[초음파센서]** 카테고리를 열어서 **[MCON 1번 초음파센서 트리거 2 에코 12 으로 설정]** 블록을 추가해 초음파센서의 핀을 설정해줍니다.

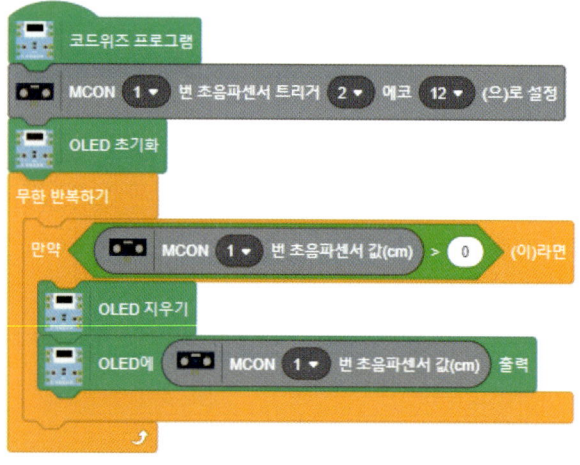

그 다음으로는 초음파센서의 값을 계속해서 읽어오기 위해 **[무한반복]** 블록을 추가하고 **[만약 ~ 라면]** 조건식을 추가합니다.

[만약 ~ 라면] 조건식의 빈 곳에 **[~이 0 보다 작다]** 블록을 삽입한 뒤 **[MCON 1번 초음파센서 값]**을 가져와 0의 앞쪽 빈칸에 삽입하여 조건식을 완성해줍니다. MCON 1번 초음파센서 값이 0보다 작다는 말은 거리센서가 측정된다는 뜻이므로 측정되는 거리를 글자로 출력해 확인할 수 있습니다.

계속 측정되는 초음파센서의 거리값을 확인하기 위해서 OLED에 초음파센서의 거리값을 글자로 표현합니다. OLED의 글자를 쓰기 위해서 [OLED 초기화] 블록을 [무한반복] 위쪽에 삽입한 뒤 [OLED 지우기]를 [만약 MCON 1번 초음파센서 값이 0보다 작다면] 블록 아래에 삽입하 초기의 글자를 지워줍니다.

그 뒤 새로운 글자를 쓰기위해 [OLED에 Hello World 출력] 블록을 가져와 Hello World 대신 [MCON 1번 초음파센서 값]을 출력해줍니다.

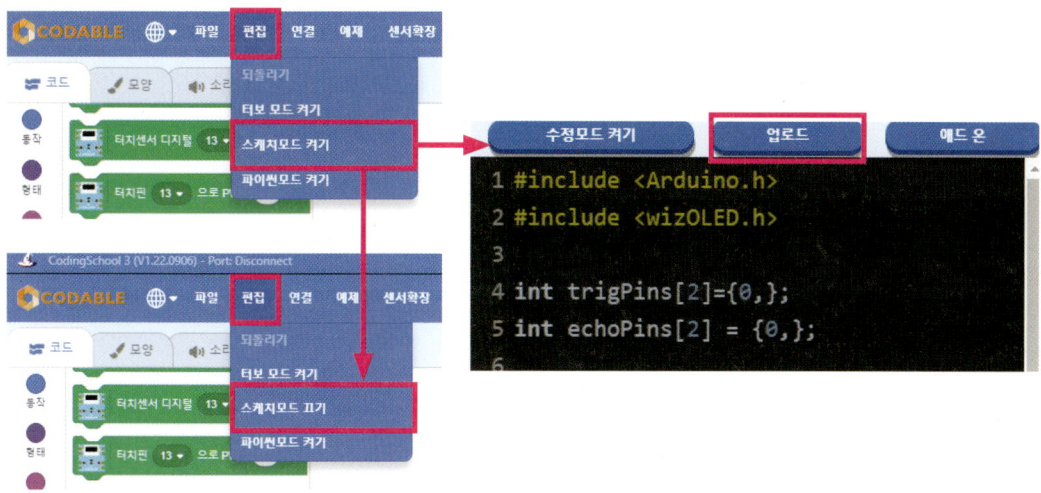

초음파센서의 코드 작성이 완료되면 결과를 확인하기 위해서 코딩스쿨 3.0의 상단메뉴에서 [편집]을 클릭 후 [스케치모두 켜키]를 클릭합니다. 스케치모드가 활성화되면 작성한 블록코드가 텍스트 코드로 변환되어 자동으로 나타나게 됩니다. 이때 상단부분의 업로드를 클릭하면 해당 코드가 코드위즈로 업로드 되어 실행되게 됩니다.

코드가 업로드 될때는 UPLOADING 메시지가 팝업창으로 표시되고 업로드가 완료되면 완료되었습니다로 바뀌게 됩니다.

업로드 중 일때

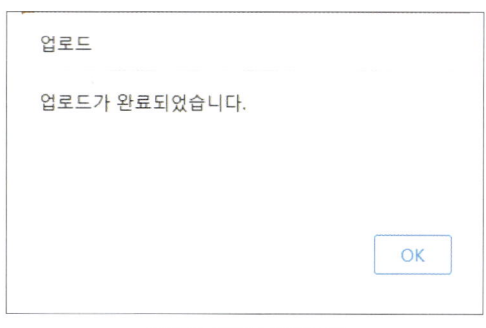

업로드 완료 되었을 때

3) 코딩 따라하기

1-1 초음파센서의 거리값 설정하기

초음파센서의 거리값을 감지하여 차도의 차와 사람과의 거리가 가깝다면 위험을 알리고 거리가 멀다면 안전함을 알리도록 하기 위해 **[만약 ~ 라면]** 조건식 안에 **[~이 50보다 작다]** 비교연산 블록을 가져온 뒤 50을 10으로 변경해주세요.

거리가 멀 경우도 만들기 위해 **[만약 ~ 라면]** 조건식을 다시 한번 더 삽입하고 이번에는 **[~가 50 보다 크다]** 블록을 넣은 뒤 50을 30으로 변경해주세요. 변경된 비교연산 블록의 앞쪽에는 공통으로 **[초음파센서]** 카테고리의 **[MCON 1번 초음파센서 값]**을 넣어줍니다.

1-2 서보모터 추가하기

서보모터를 사용하기 위해서는 우선 코딩스쿨 3.0의 상단 메뉴에서 **[센서확장]**를 클릭합니다.
그 다음 **[코드위즈]**를 선택한 뒤 **[모터관련 센서]**를 클릭하고 **[(M)서보모터]**를 선택하여 불러오기를 클릭합니다.

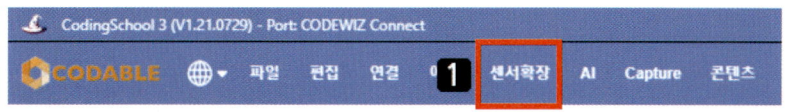

[코드위즈] 카테고리 아래에 [(M)서보모터] 카테고리가 생성된 것을 확인할 수 있습니다. 카테고리를 클릭하면 4개의 블록이 추가적으로 나타난 것을 확인할 수 있습니다.

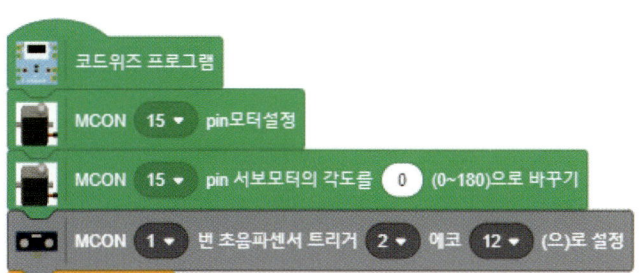

서보모터를 사용하기 위해서 [코드위즈 프로그램] 아래에 [MCON 15pin 모터설정] 블록과 [MCON 15 pin 서보모터의 각도를 0으로 바꾸기] 블록을 삽입하여 서보모터의 핀을 설정하고 시작 시 서보모터의 초기 각도를 0으로 시작할 수 있도록 해줍니다.

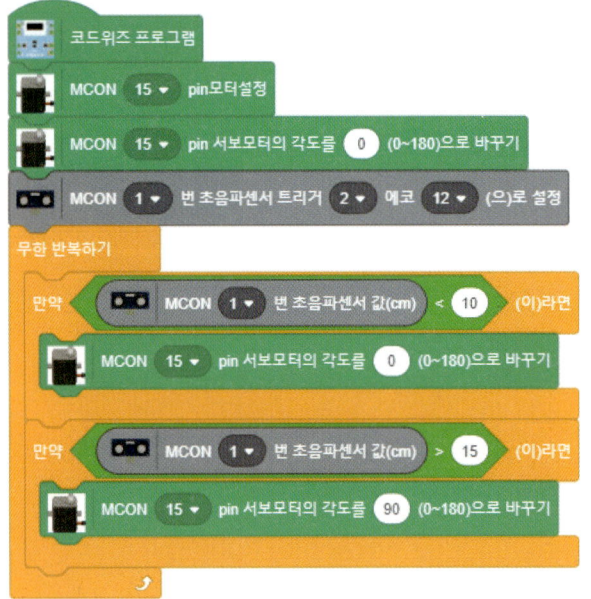

1-3 서보모터 각도 설정하기

만약 초음파센서의 거리가 10cm보다 작다면 차와 사람의 거리가 가까우므로 등교길에 차단기가 내려와야 합니다. 따라서 초기값으로 설정된 [MCON 15pin 서보모터의 각도을 0 으로 바꾸기] 블록을 다시 한번 가져와 차단기가 내려와 있도록 합니다.

만약 초음파센서의 거리가 15cm보다 크다면 안전한 상태이므로 건널목을 건너갈 수 있도록 서보모터의 각도를 0도에서 [MCON 15pin 서보모터의 각도을 90 으로 바꾸기]로 변경합니다.

1-4 코드 업로드하기

작성된 코드를 확인하기 위해서는 다시 한번 코딩스쿨 3.0 상단의 [편집]을 눌러 [스케치모드 켜기]를 선택하고 나타나는 변환창에서 [업로드]를 클릭해 변경된 코드를 적용하고 초음파센서의 거리에 따라 서보모터의 각도가 변경되는지 확인합니다.

6 센서 확장하기 (응용)

1) OLED 추가하기

1-1 초음파센서의 거리 OLED 글자표시하기

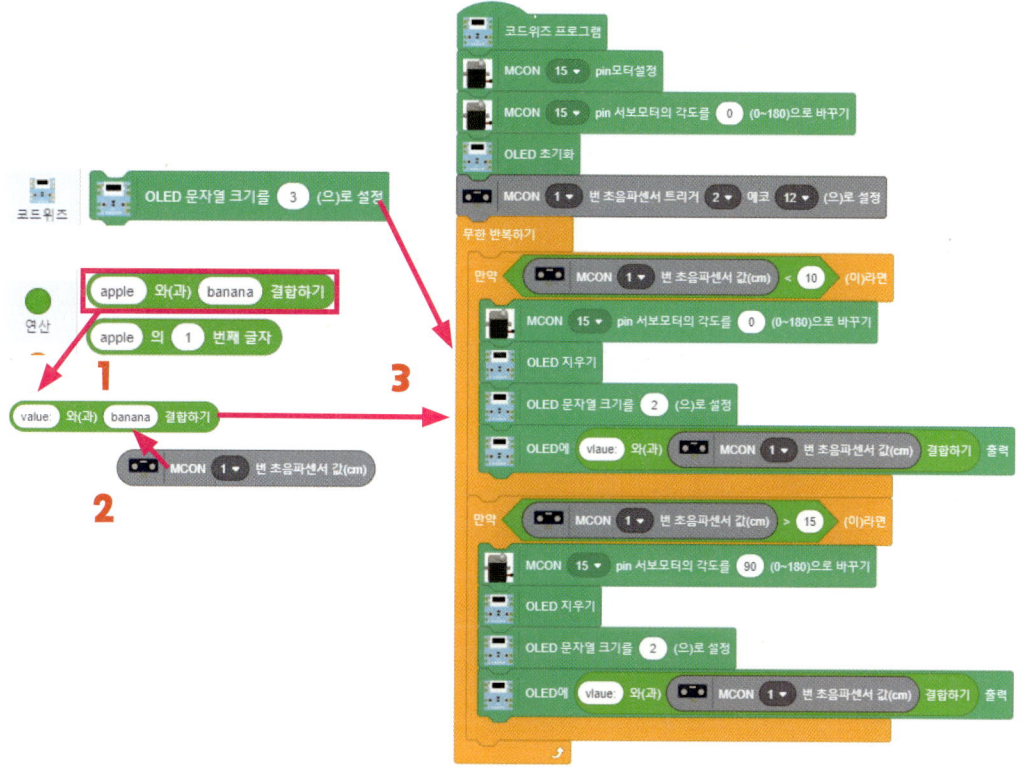

OLED를 사용하기 위해서는 가장 먼저 필수적으로 [코드위즈] 카테고리에서 [OLED 초기화] 블록을 가져와 [무한 반복하기] 블록 위쪽에 삽입해줍니다. 만약 초음파센서의 거리를 코드위즈 보드에 표시하기 위해, 먼저 현재 보드에 보여지는 초기 글자를 [OLED 지우기] 블록을 넣어 지워줍니다.

그 뒤 [OLED 문자열 크기를 2로 설정] 블록을 가져와 삽입하고 초음파센서의 거리값을 표시할 수 있도록 [연산] 카테고리에서 [apple과 banana 결합하기] 블록을 가져와 apple을 value: 로 변경합니다. 그 뒤 [MCON 1번 초음파센서 값] 블록을 가져와 banana 위치에 넣어줍니다. 완성된 블록을 [OLED에 HelloWorld 출력] 블록에서 HelloWorld 자리에 넣어줍니다.

이와 동일한 3줄의 블록을 [MCON 1번 초음파센서 값]이 15보다 클 경우에도 똑같이 삽입해줍니다.

1-2 초음파센서의 거리가 10cm보다 작을 경우 알림글자 표시하기

초음파센서의 거리가 10cm보다 작을 경우 안전하게 건너지 못하는 상태이므로 **[OLED에 한글포함 코드위즈 Magic!! 출력]** 블록을 가져와 '위험합니다'로 변경해줍니다. 그 아래줄에 같은 블록을 가져와 '건너지 마세요'로 추가하여 알림표시를 만들어줍니다.

1-3 초음파센서의 거리가 15cm보다 클 경우 알림글자 표시하기

초음파센서의 거리가 15cm보다 클 경우에는 안전하게 횡단보도를 건널수 있는 상태이므로 **[OLED에 한글포함 코드위즈 Magic!! 출력]** 블록을 가져와 '안전합니다'로 변경해줍니다. 그 아래줄에 같은 블록을 가져와 '건너가도 좋습니다'로 추가하여 알림표시를 만들어줍니다.

2) RGB LED 추가하기

초음파센서의 거리값에 따라 RGB LED를 켜기위해서는 가장 먼저 필수적으로 **[코드위즈]** 카테고리에서 RGB 초기화를 가져와서 **[OLED 초기와]** 아래쪽에 삽입해줍니다.

초음파센서의 값이 10cm보다 작을 경우 위험을 표현하기 위해서 **[RGB를 빨간색으로 모두 켜기]**를 가져와 **[OLED에 한글포함 건너지 마세요 출력]** 블록 아래에 삽입해줍니다.

초음파센서의 값이 15cm보다 클 경우 안전을 표현하기 위해서 **[RGB를 초록색으로 모두 켜기]**를 가져와 **[OLED에 한글포함 건너가도 좋습니다 출력]** 블록 아래에 삽입해줍니다.

7 응용하기

1) 거리 변수로 바꾸기

초음파센서의 값을 **[거리]** 변수로 바꿔보세요.

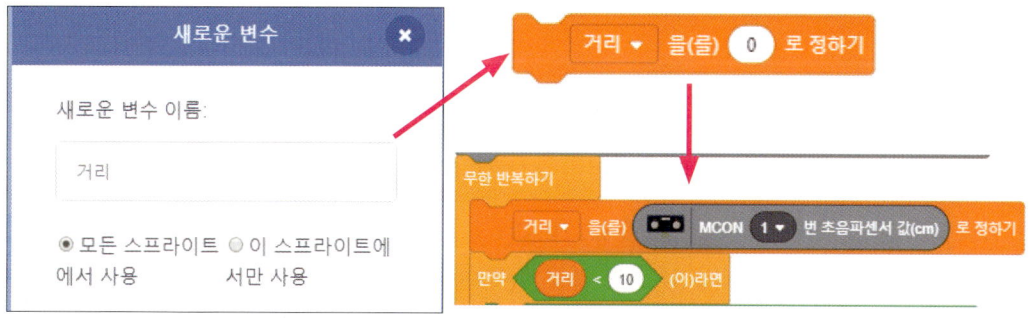

[변수] 카테고리에서 **[거리]** 이름으로 변수를 만든 뒤 **[무한반복]** 아래쪽에 **[거리를 0으로 정하기]** 블록을 추가하여 계속하여 초음파센서의 값을 읽어올 수 있도록 하고 0을 **[MCON 1번 초음파센서 값]**으로 변경해줍니다. 그 뒤 **[MCON 1번 초음파센서 값이 10cm보다 작다면]** 조건식을 **[거리가 10보다 작다면]**으로 변수를 넣어 변경합니다. 아래의 **[MCON 1번 초음파센서 값이 15cm보다 크다면]** 도 **[거리가 15보다 크다면]** 으로 변수를 넣어 변경합니다.

2) 거리에 따라 RGB LED 깜박이게 하기

거리에 따라 RGB LED를 2가지색으로 깜박이게 해보세요.

OLED에 표시한 글자 아래에 **[RGB 모두켜기]** 블록으로 원하는 색상을 지정하고 **[제어]**블록에서 **[1초 기다리기]**를 가져와 깜박일 시간만큼 기다리기 시간을 정해줍니다.

RGB LED를 깜박이게 하기 위해서는 만든 **[RGB 모두 켜기]**를 다시 한번 넣고 원하는 색상으로 변경한 뒤 깜박일 시간을 다시 지정하여 2가지 색상이 교차로 보여질 수 있도록 합니다.

이 부분을 **[거리가 10보다 작을 경우]** 조건식과 **[거리가 15보다 클 경우]**에 가장 아래쪽에 동일한 방법으로 삽입해줍니다.

8 전체 알고리즘 정리하기

1) 기본코드 알고리즘

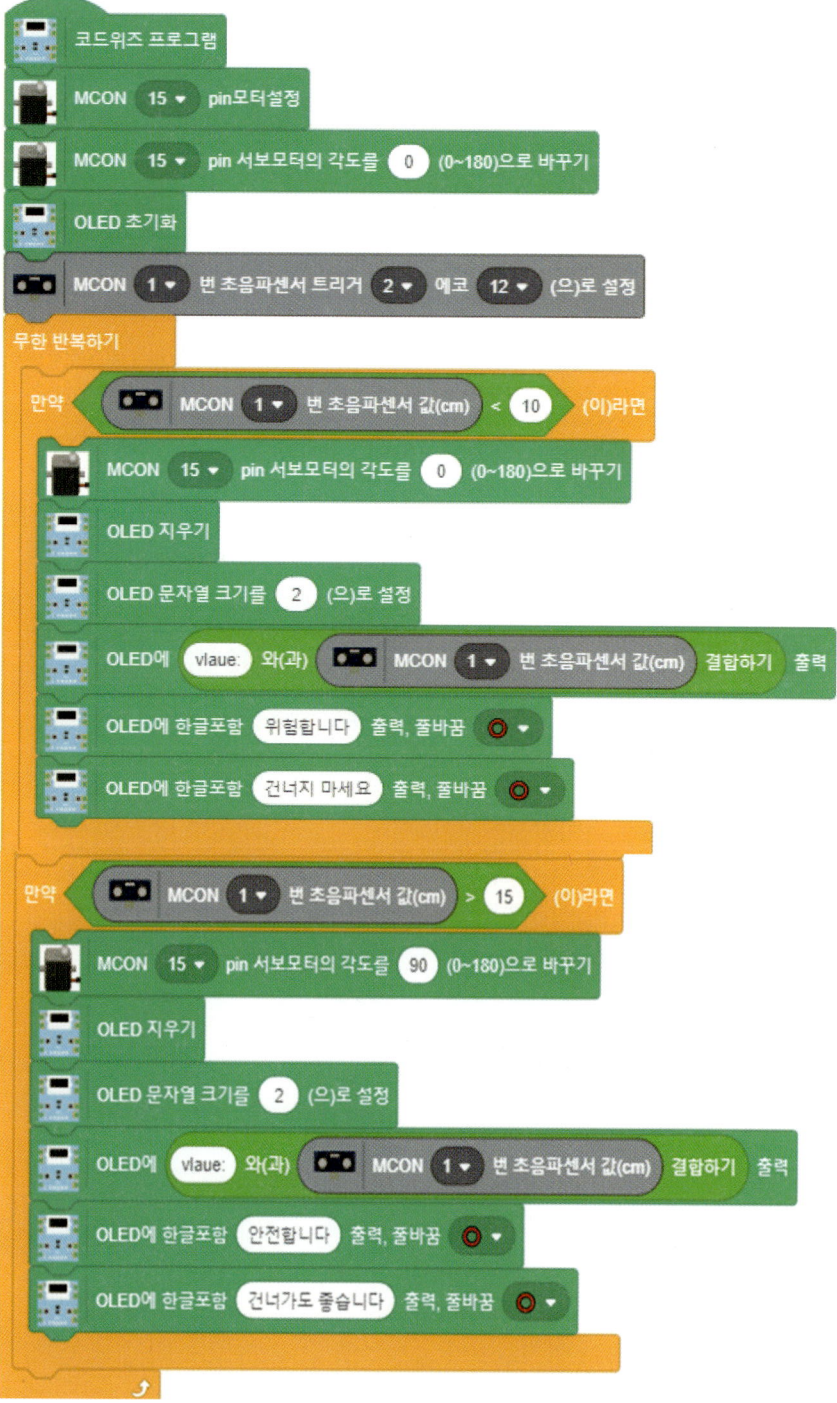

2) 응용코드 알고리즘

```
코드위즈 프로그램
MCON 15▼ pin 모터설정
MCON 15▼ pin 서보모터의 각도를 0 (0~180)으로 바꾸기
OLED 초기화
RGB 초기화
MCON 1▼ 번 초음파센서 트리거 2▼ 에코 12▼ (으)로 설정
무한 반복하기
    거리▼ 을(를) MCON 1▼ 번 초음파센서 값(cm) 로 정하기
    만약 거리 < 10 (이)라면
        MCON 15▼ pin 서보모터의 각도를 0 (0~180)으로 바꾸기
        OLED 지우기
        OLED 문자열 크기를 2 (으)로 설정
        OLED에 vlaue: 와(과) MCON 1▼ 번 초음파센서 값(cm) 결합하기 출력
        OLED에 한글포함 위험합니다 출력, 줄바꿈 O▼
        OLED에 한글포함 건너지 마세요 출력, 줄바꿈 O▼
        RGB ● 로 모두 켜기
        0.1 초 기다리기
        RGB ● 로 모두 켜기
        0.1 초 기다리기
    만약 거리 > 15 (이)라면
        MCON 15▼ pin 서보모터의 각도를 90 (0~180)으로 바꾸기
        OLED 지우기
        OLED 문자열 크기를 2 (으)로 설정
        OLED에 vlaue: 와(과) MCON 1▼ 번 초음파센서 값(cm) 결합하기 출력
        OLED에 한글포함 안전합니다 출력, 줄바꿈 O▼
        OLED에 한글포함 건너가도 좋습니다 출력, 줄바꿈 O▼
        RGB ● 로 모두 켜기
        0.1 초 기다리기
        RGB ● 로 모두 켜기
        0.1 초 기다리기
```

7장

도둑을 잡아라

07 도둑을 잡아라

❶ 프로젝트 준비

학습 목표	충돌센서의 충돌감지여부를 RGB LED와 스피커, OLED로 표현할 수 있다.
프리뷰	충돌센서 감지, RGB LED 켜기, OLED 글자표시, 스피커 소리내기
핵심키워드	코드위즈, 충돌센서, RGB LED, OLED, 스피커
학습 시간	1시간
학습 난이도	하

❷ 준비물 알아보기

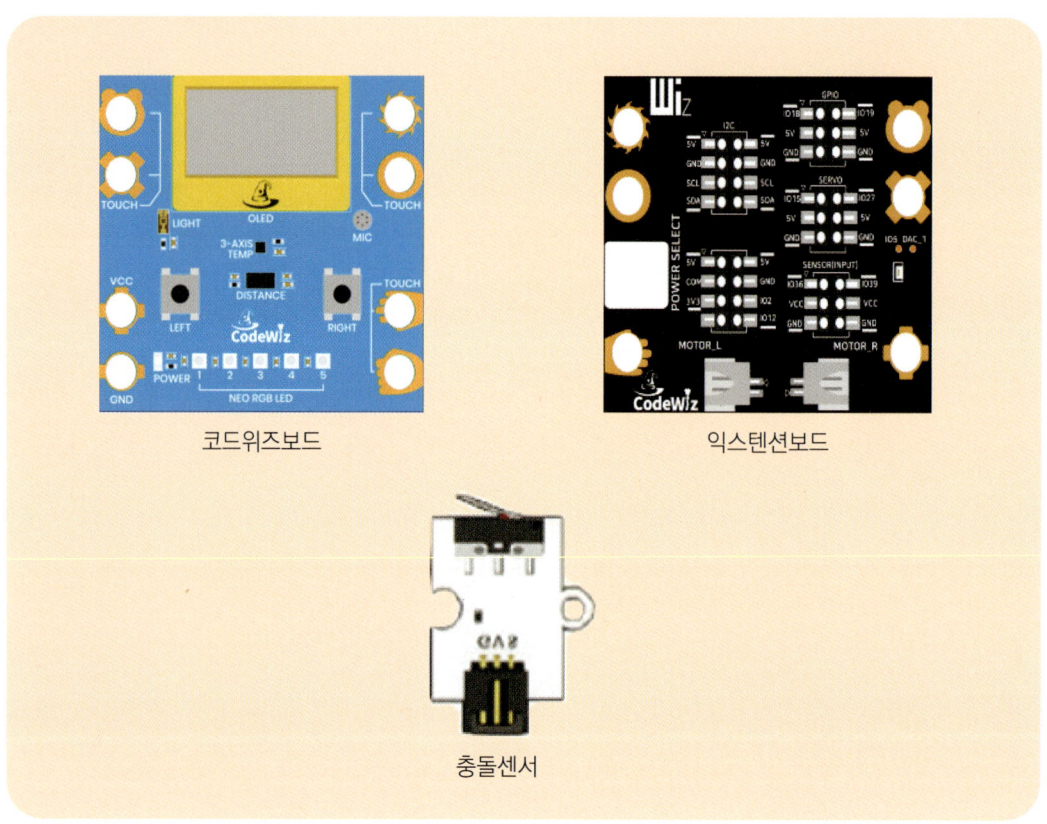

코드위즈보드　　　　익스텐션보드

충돌센서

3 센서 알아보기

1) 충돌센서

충돌센서는 마이크로 스위치 또는 물리적 리밋 스위치라고 불리는 센서로 앞쪽이 금속판 부분이 스위치에 닿아 있어서 눌려졌을 때 신호의 변경되는 값에 따라 충돌을 감지할 수 있는 센서입니다. 비접촉으로 감지할 수 있는 센서와는 달리 물리적인 힘에 의해 작동하는 스위치로서 연결이 비교적 쉽고 충돌여부를 바로 확인할 수 있으므로 많은 곳에서 사용되고 있습니다.

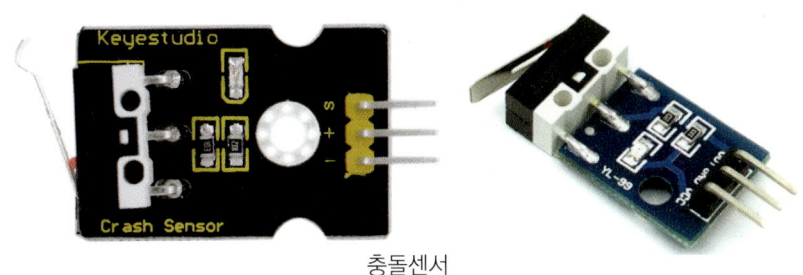

충돌센서

충돌센서는 형태에 따라서 힌지가 달려있거나 롤링 레버가 달려있는 형태 등 다양한 형태가 있으며 주로 사용되는 곳은 물리적으로 두개의 물체가 닿았는지를 바로 알아낼 수 있는 안전장치 및 제동장치에 많이 사용됩니다. 엘리베이터의 안전 스위치 및 전자레인지의 문 개폐 안전장치와 복사기의 종이 걸림 파악 및 3D프린터의 위치조정 등에서도 적용되어 쓰입니다.

4 회로도 알아보기

충돌센서를 감지하게 위해 충돌센서는 IO18번 핀에 연결합니다. 충돌센서는 택트 버튼처럼 사용이 가능합니다.

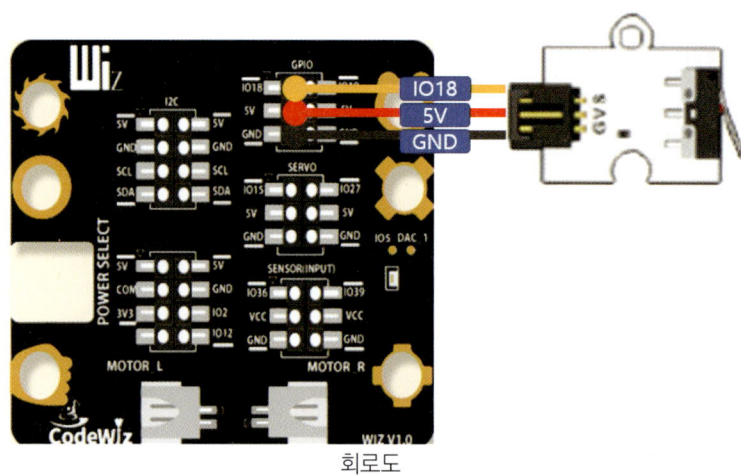

회로도

5 코딩스쿨로 코딩하기 (기본)

1) 연결하기

[코딩스쿨] 프로그램을 실행하고 코드위즈 보드와 컴퓨터를 USB케이블로 연결 후 코딩스쿨 3.0 프로그램에서 연결메뉴에서 [코드위즈 연결]을 선택한 후 [포트 연결] 창이 뜨면 [OK]를 클릭합니다.

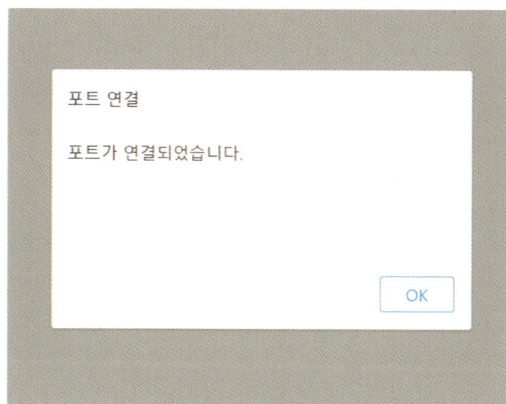

코드위즈의 블록이 생성된 것을 확인합니다.

2) 충돌센서 값 확인하기

충돌센서를 사용하기 위해서는 우선 코딩스쿨 3.0의 상단 메뉴에서 **[센서확장]**를 클릭합니다. 그 다음 **[코드위즈]**를 선택한 뒤 **[감지센서]**를 클릭하고 **[버튼]**를 선택하여 불러오기를 클릭합니다.

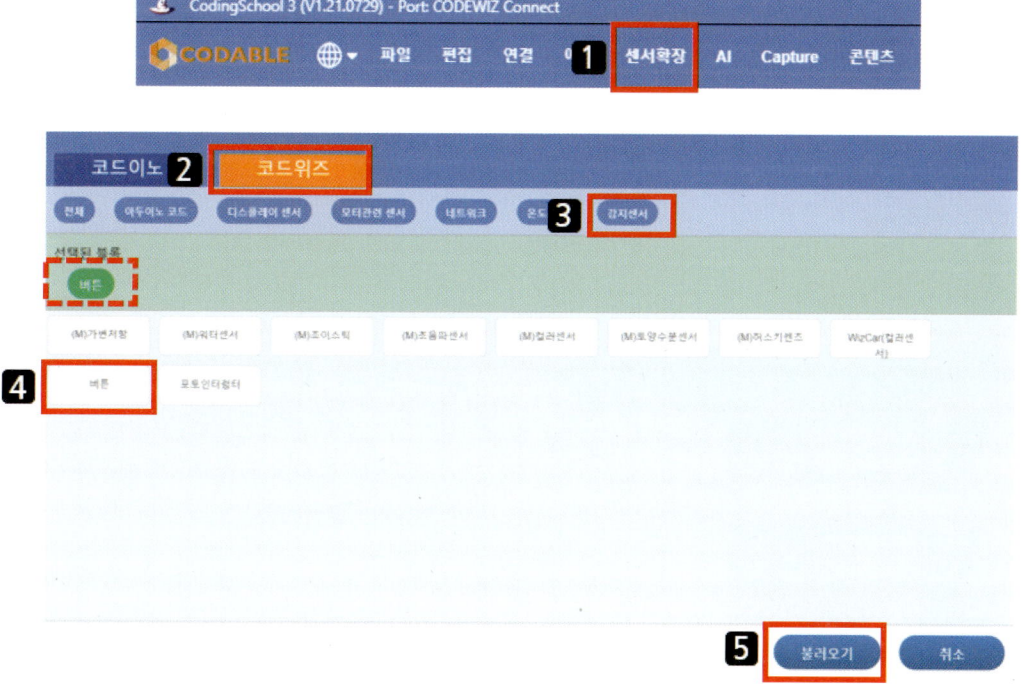

7장 도둑을 잡아라 117

📌 코드위즈의 익스텐션 보드에는 범용적으로 사용할 수 있는 IO핀을 제공하므로 충돌센서는 스위치 버튼과 같은 역할을 하므로 코딩스쿨에서는 센서 확장 블록에서 버튼으로 가져와 코드를 실행합니다.

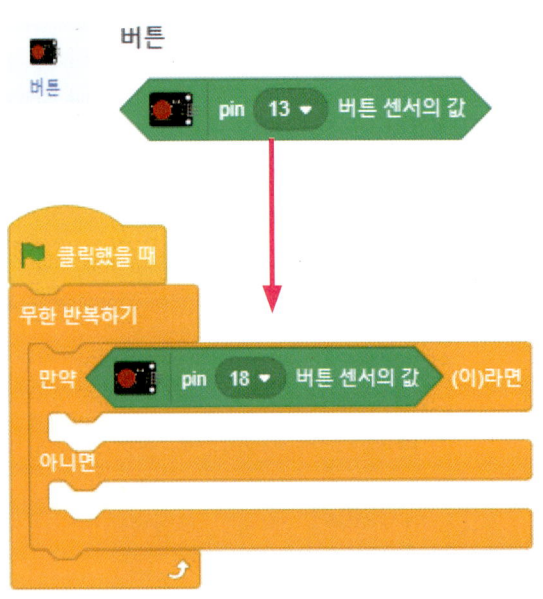

추가된 센서확장에서 버튼을 열어 **[버튼 pin 13 버튼 센서의 값]** 블록에서 회로에서 연결한 18번핀으로 변경한 뒤 **[깃발을 클릭했을 때]** 블록을 가져오고, 충돌감지 여부를 계속적으로 측정하기 위해 **[무한반복]** 블록을 삽입해줍니다. 그 뒤 **[만약 ~ 이라면 아니면]** 조건식을 가져와 **[만약 ~ 이라면]** 조건식 안쪽에 **[버튼 pin 18 버튼 센서의 값]** 블록을 가져옵니다.

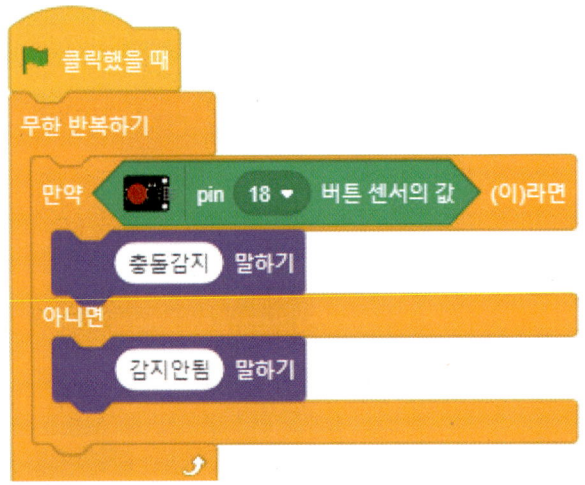

[만약 18 버튼 센서의 값]이 감지된다면 감지여부를 화면에 표시하기 위해 **[형태]**카테고리에서 **[안녕을 말하기]** 블록을 가져와 **[충돌감지 말하기]** 로 변경해줍니다.

충돌이 감지되지 않을 경우에는 아니면 조건식 아래에 **[감지안됨 말하기]** 블록을 삽입해 충돌센서의 감지여부 값을 확인해봅니다.

코드가 업로드 될때는 UPLOADING 메시지가 팝업창으로 표시되고 업로드가 완료되면 완료되었습니다로 바뀌게 됩니다.

업로드 중 일때

업로드 완료 되었을 때

3) 코딩 따라하기

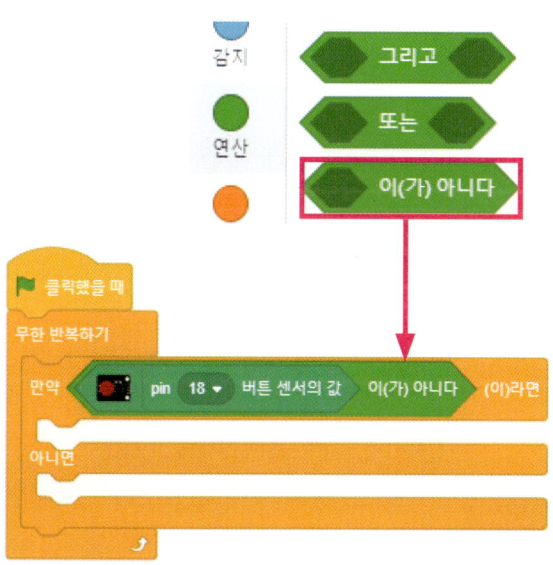

1-1 충돌비교 조건 설정하기

앞에서 살펴본 충돌센서의 감지여부를 활용하여 도둑감지 프로젝트를 만들어보기 위해서는 충돌센서가 눌렸을 때를 감지하는 것이 아닌 눌려 있다가 떨어지는 순간을 감지할 수 있도록 만들어주어야 합니다. 이렇게 동작을 반대로 하기 위해서는 비교연산을 사용하여야 합니다. 비교연산의 종류는 2. SOS 구조요청기를 참고하세요.

비교연산의 [~가 아니다] 블록을 가져와 [18번 버튼 센서의 값] 블록을 빈칸에 삽입하여 [만약 ~ 이라면] 조건식을 완성합니다.

1-2 화면에 글자표시하기

보관할 물건 아래에 충돌감지센서가 있을 경우 물건이 있다면 충돌 감지센서가 눌려 있게 되고 물건을 드는 순간 센서가 떨어지게 되어 감지 여부를 파악할 수 있습니다.

만약 충돌센서 18번의 핀이 눌려 있다가 떨어지게 될 경우 도난이 감지되었으므로 [형태] 블록에서 [안녕 말하기]를 가져와 [누가 내 물건 가져가!! 도둑이야!]로 변경해줍니다. 아니면 물건이 안전한 상태이므로 [내 물건은 안전해]를 말할 수 있도록 삽입해줍니다.

6 센서 확장하기 (응용)

1) OLED 글자표시하기

OLED를 사용하기 위해서는 가장 먼저 필수적으로 [코드위즈] 카테고리에서 [OLED 초기화] 블록을 가져와 [무한 반복하기] 블록 위쪽에 삽입해줍니다.

충돌센서의 감지여부에 따라 충돌센서의 18번 버튼센서가 눌려있다가 떨어지게 되면 도둑감지를 OLED에 글자로 표시하기 위해 현재 보드에 보여지는 초기 글자를 [OLED 지우기] 블록을 넣어 지워줍니다.

그 뒤 [OLED에 한글포함 코드위즈 Magic!! 출력] 블록을 가져와 '누가 내 물건 가져가!!'로 변경해줍니다. 그 아래 한글포함 글자를 한줄 더 추가하여 '도둑이야' 글자도 같이 보여지도록 삽입해줍니다.

충돌센서의 18번 버튼센서가 계속 눌려져 있다면 물건이 안전하다는 의미이므로 어전 글자를 지울수 있도록 [OLED 지우기] 블록을 넣어 지워줍니다. 그 뒤 [OLED에 한글포함 코드위즈 Magic!! 출력] 블록을 가져와 '내 물건은 안전해!!'로 변경해줍니다.

2) RGB LED 추가하기

충돌센서의 감지여부에 따라 RGB LED를 켜기 위해서는 따라 RGB LED를 켜기 위해서는 가장 먼저 필수적으로 [코드위즈] 카테고리에서 RGB 초기화를 가져와서 [OLED 초기와] 아래쪽에 삽입해줍니다.

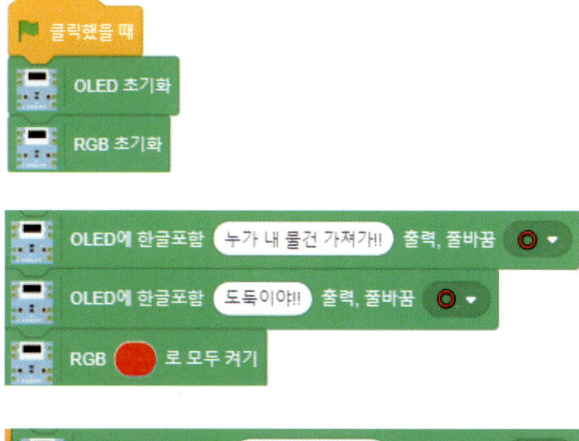

도난이 감지되어 [도둑이야]라고 OLED에 글자가 표시되면 [RGB LED를 빨간색으로 모두 켜기] 블록을 삽입해 알림 표시를 합니다.

도난이 감지되지 않을 경우는 OLED에 [내물건은 안전해] 글자가 표시되면 [RGB LED를 파란색으로 모두 켜기]를 삽입해 충돌센서의 감지 여부에 따라 색을 다르게 표시할 수 있도록 합니다.

3) 스피커 추가하기

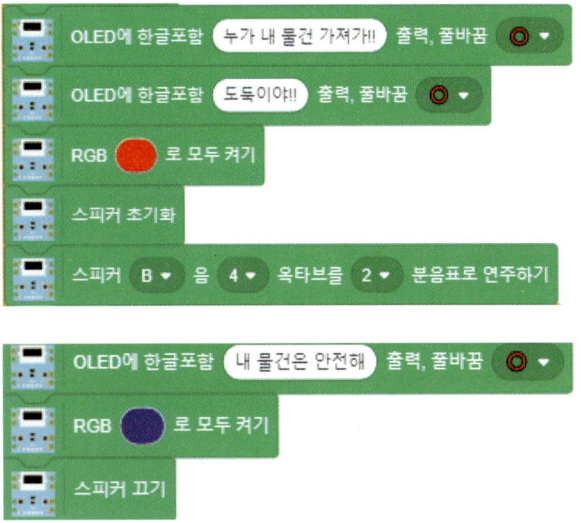

 충돌센서의 감지여부에 따라 경고알림을 켜기 위해서는 도난이 감지되어 **[도둑이야]**라고 OLED에 글자가 표시되고 RGB LED를 빨간색으로 모두 켜지면 **[스퍼커 초기화]** 블록을 먼저 삽입해 줍니다. 그 뒤 스피퍼를 원하는 음과 옥타브 및 박자로 설정해 경고 알림음을 만들고 소리나게 합니다.

도난이 감지되지 않을 경우는 알림음을 꺼야 하므로 **[스피커 끄기]**를 삽입해 소리가 나지않도록 합니다.

7 응용하기

1) 거리센서 추가하기

거리센서를 추가하여 거리값이 50보다 가깝다면 **[도둑잡아라]** 하고 OLED에 표시되도록 조건을 추가해보세요.

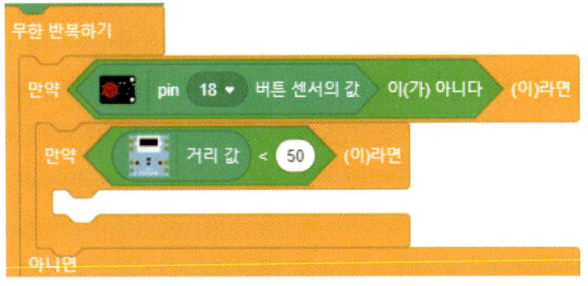

충돌센서가 감지된 상태에서 **[코드위즈]**의 거리센서를 추가하여 거리의 값이 50보다 작으면 도둑이 가까이 있다는 의미이므로 도둑을 잡을 수 있도록 조건을 하나더 추가하여 줍니다.

[만약 18버튼 센서의 값이 아니면] 블록 아래에 **[만약~이라면]** 조건을 추가하고 코드위즈의 **[거리값]** 블록과 연산 블록의 **[~가 0보다 작다]** 블록을 가져와서 결합한 뒤 조건식을 완성해 줍니다.

2) 신호 추가하기

충돌센서와 거리센서에 따라 도난상태를 알려줄 수 있는 메시지 신호를 만들어보세요.

1-1 신호 보내고 기다리기

[이벤트] 카테고리에서 [도난감지], [도둑잡아라], [안전]이라는 이름으로 새로운 메세지를 3개 만들어줍니다. 만든 신호는 충돌센서의 감지 여부에 따라 [코드위즈]의 거리값이 50보다 작을 경우에는 **[도둑잡아라메시지 신호 보내고 기다리기]**를 삽입해줍니다.

충돌센서 18번 버튼 센서가 눌려있다가 떨어졌을 때는 **[도난감지 신호보내고 기다리기]**를 삽입해주고, 도난감지가 되지 않을 경우는 **[안전 신호보내고 기다리기]**로 3개의 신호를 구분하여 삽입합니다.

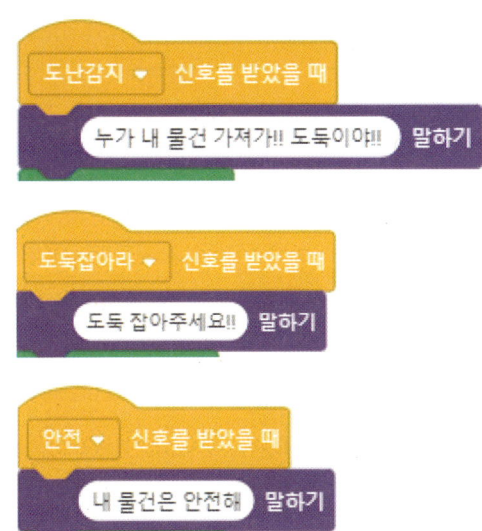

1-2 신호를 받았을 때 블록 만들기

[무한반복] 블록의 조건식에 있는 말하기 블록과 OLED, RGB LED와 스피커 블록을 모두 ~ 신호를 받았을 때 아래로 이동해 줍니다.
[누가 내 물건 가져가!! 도둑이야!!] 말하기 위쪽에는 도난이 감지되었을 때이므로 [도난감지 신호를 받았을때] 블록을 삽입합니다.
그 뒤 거리센서가 50 보다 작을경우 [도둑 잡아주세요!] 말하기 위쪽에는 [도둑잡아라 신호를 받았을 때]를 블록을 삽입하고 마지막으로 도난이 감지되지 않을 경우 나타나는 [내 물건은 안전해] 말하기 블록 위쪽에는 [안전 신호를 받았을 때]로 삽입해줍니다.

8 전체 알고리즘 정리하기

1) 기본코드 알고리즘

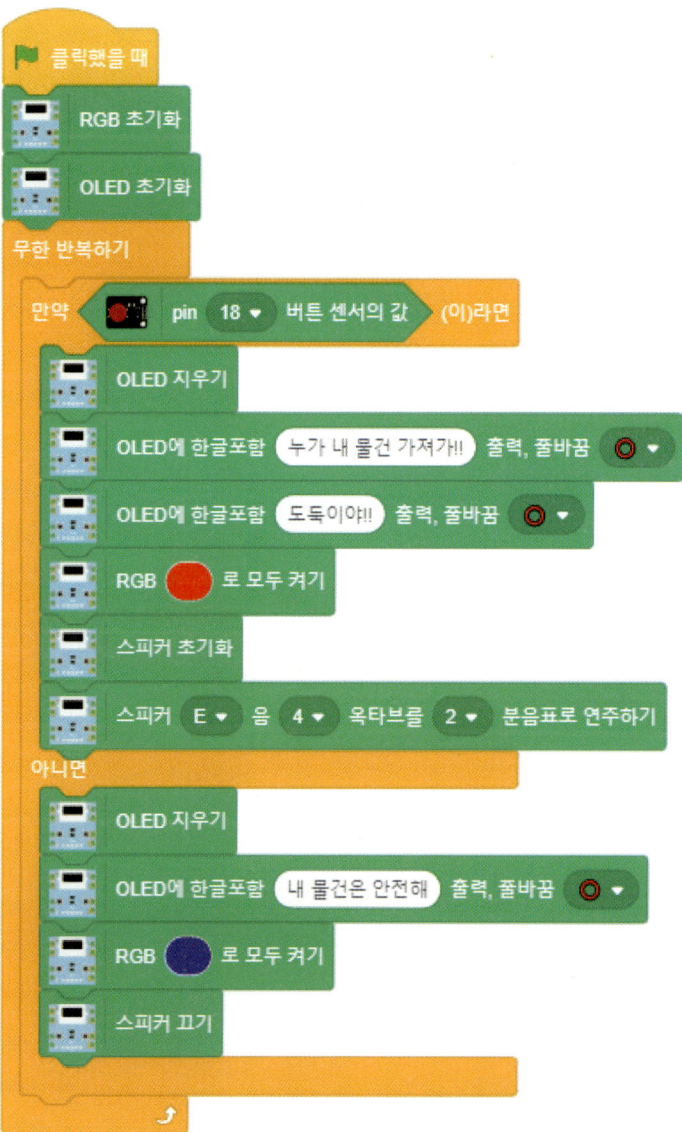

2) 응용코드 알고리즘

```
▶ 클릭했을 때
OLED 초기화
RGB 초기화
무한 반복하기
    만약 < pin 18 ▼ 버튼 센서의 값 이(가) 아니다 > (이)라면
        만약 < 거리 값 < 50 > (이)라면
            도둑잡아라 ▼ 신호 보내고 기다리기
        도난감지 ▼ 신호 보내고 기다리기
    아니면
        안전 ▼ 신호 보내고 기다리기
```

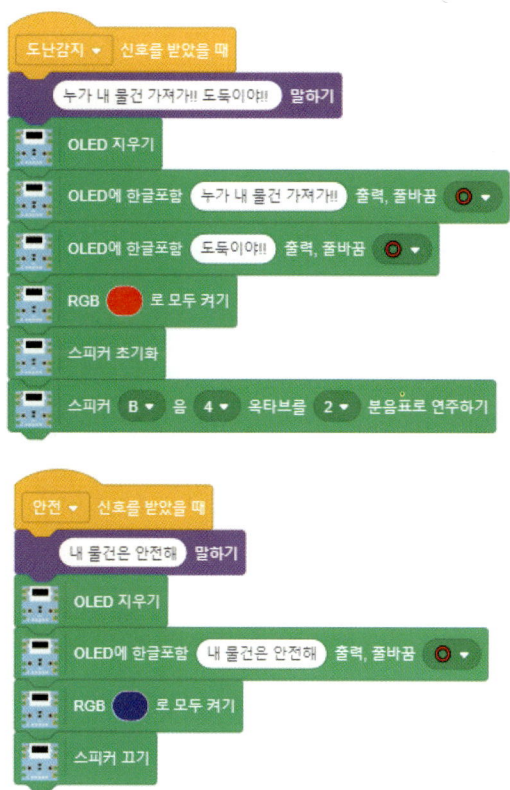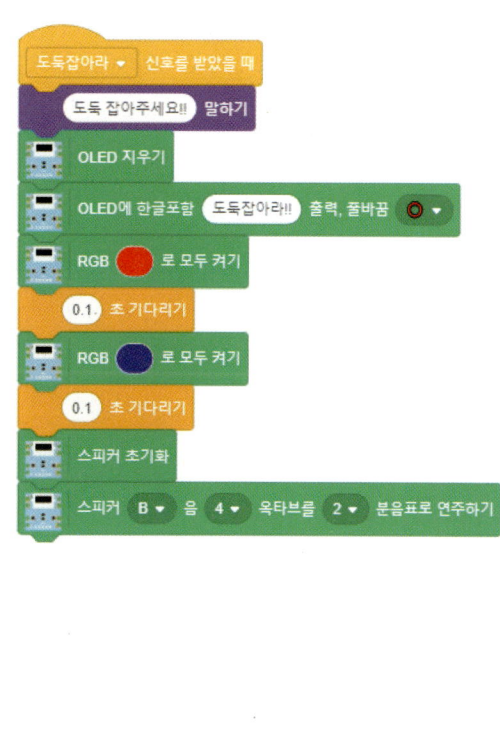

8장

제리를 잡자

08 제리를 잡자

1 프로젝트 준비

학습 목표	자이로센서를 이용해서 스프라이트를 이동하고 두 스프라이트가 만나면 LED가 켜지고 소리가 나도록 제작한다.
프리뷰	자이로센서값 확인, 블루 LED 켜기, OLED 글자표시, 스피커 소리내기
핵심키워드	코드위즈, 자이로센서, 블루 LED, OLED, 스피커
학습 시간	2시간
학습 난이도	상

2 준비물 알아보기

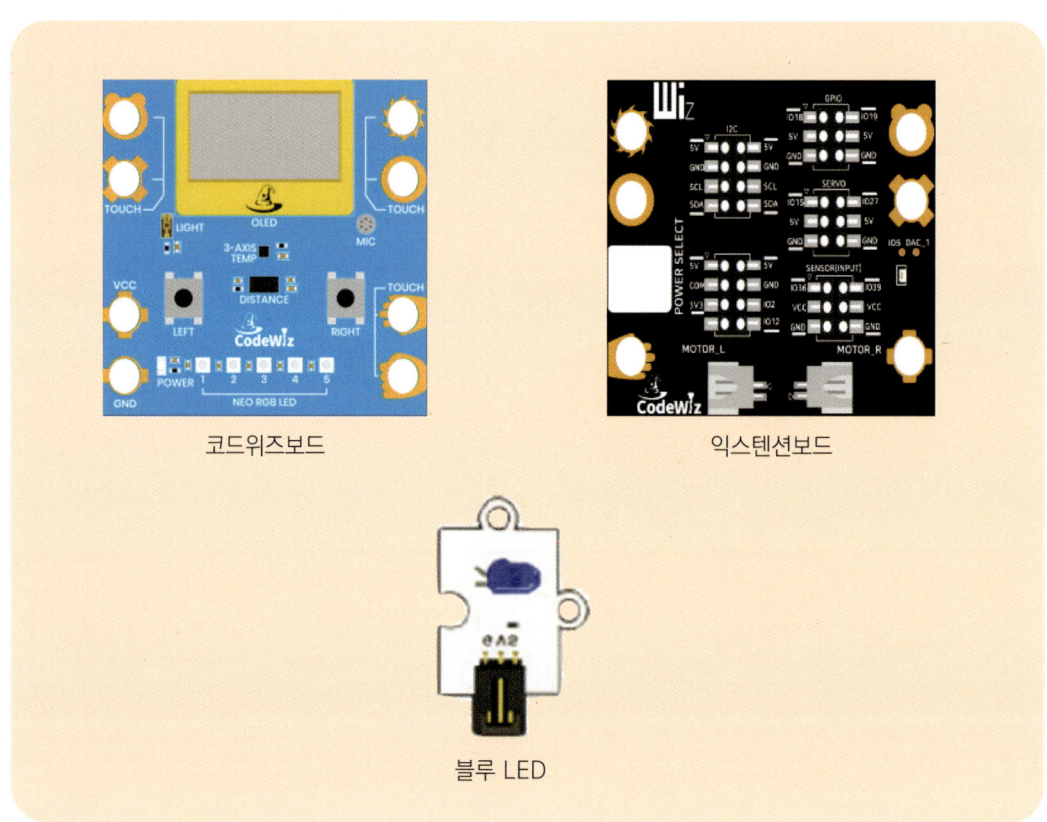

코드위즈보드   익스텐션보드

블루 LED

3 센서 알아보기

1) 3축센서

가속도센서는 중력 가속도를 기준으로 사물이 얼마만큼의 힘을 받는지 측정하는 센서로 가만히 있을 경우 센서에 작용하는 중력 가속도를 X, Y, Z로 나누고 크기를 측정하는 방식으로 오차범위가 작습니다. 또한 정지된 상태에서도 특정 값을 출력할 수 있으므로 기울어진 정도 및 진동을 파악하는 데 사용되며, 이 중력가속도를 측정하는 것은 X, Y, Z의 벡터합으로 나타냅니다.

3축 가속도센서

자이로 및 가속도 센서가 활용되는 곳으로는 대표적으로 드론을 들 수 있습니다. 중력가속도와 각속도를 측정하여 기울어진 정도를 판단하여 평행을 유지하는 기능을 담당합니다. 자동차나 항공기, 공장 자동화, 휴대폰과 로보틱스 등 첨단 제품에도 사용되는 핵심기술 중의 하나입니다. 움직이는 물체의 가속도나 방향을 측정할 수 있는 점 때문에 로봇이 자신의 위치나 동작을 인식하는데 주로 쓰입니다. 또한 핸드폰의 화면방향 자동 회전 등에서도 사용됩니다.

4 회로도 알아보기

자이로센서를 이용하여 스프라이트를 움직여 서로 닿을경우 익스텐션 보드 IO18번에 연결된 LED가 켜질 수 있도록 회로에 연결합니다.

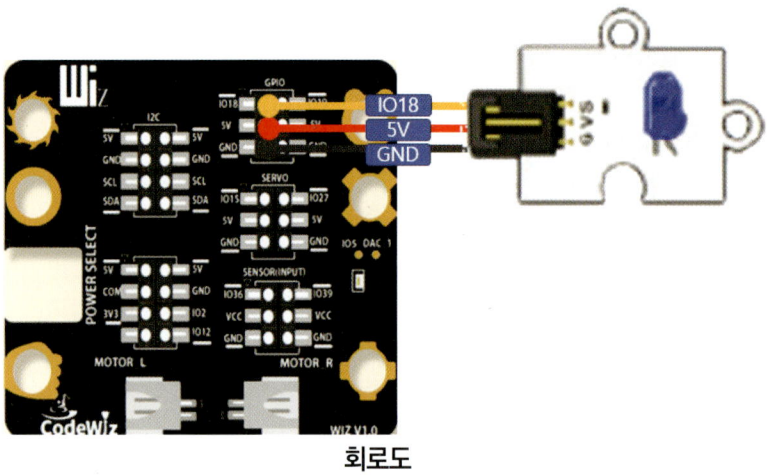

회로도

5 코딩스쿨로 코딩하기 (기본)

1) 연결하기

[코딩스쿨] 프로그램을 실행하고 코드위즈 보드와 컴퓨터를 USB케이블로 연결 후 코딩스쿨 3.0 프로그램에서 연결메뉴에서 [코드위즈 연결]을 선택한 후 [포트 연결] 창이 뜨면 [OK]를 클릭합니다.

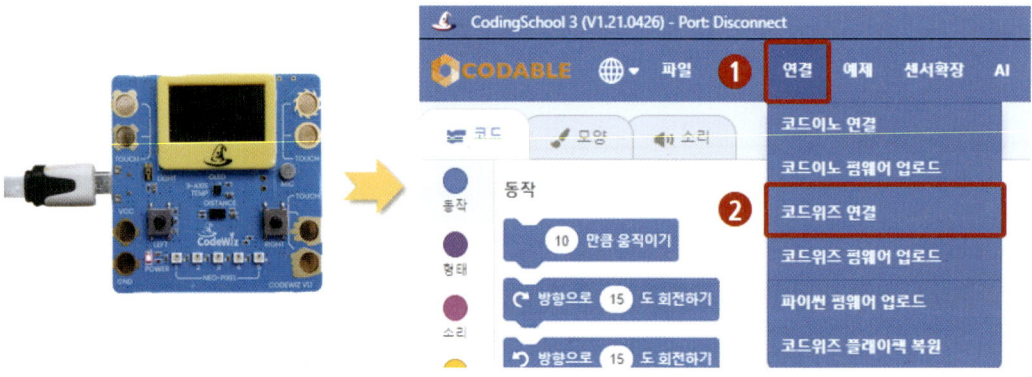

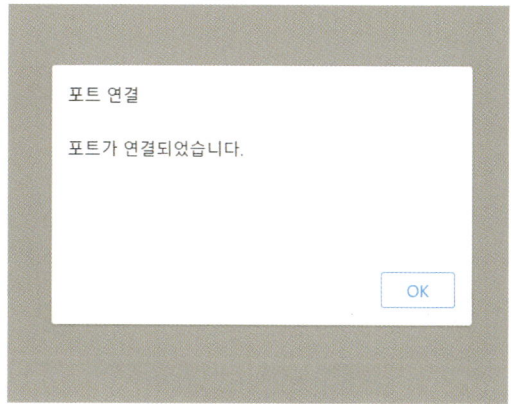

코드위즈의 블록이 생성된 것을 확인합니다.

2) 자이로센서 값 확인하기

3축 센서는 3개의 축을 가지고 있습니다. 우선 X축의 값의 범위를 말하기 블록을 통해 알아보고, 그 뒤 Y와 Z값을 순서대로 알아보겠습니다.

> 📌 3축 센서는 X, Y, Z의 3개 축의 값을 모두 확인하여야 하므로 순서대로 어느 방향으로 움직였을때 값의 범위를 어떻게 변경되는지 차례대로 확인해보세요.

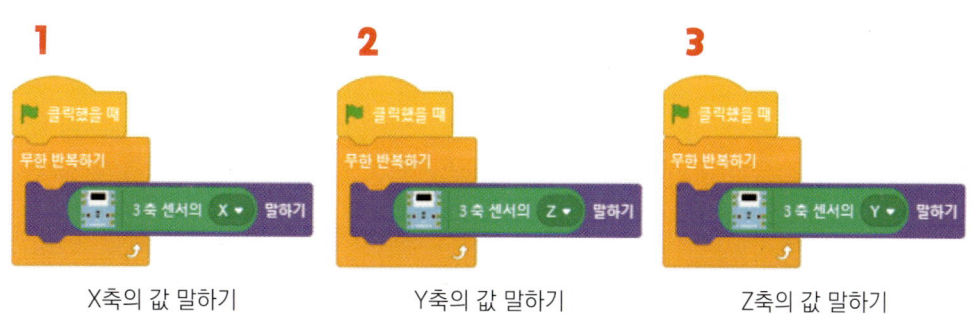

X축의 값 말하기　　　Y축의 값 말하기　　　Z축의 값 말하기

3축 센서의 값을 확인하기 위해서 **[깃발을 클릭했을 때]** 블록을 가져온 다음 3축 센서의 값을 계속 말할 수 있도록 **[무한 반복하기]** 블록에서 **[형태]** 카테고리의 **[안녕 말하기]** 블록을 가져와 **[3축 센서의 X]** 블록을 추가해줍니다. X축의 값의 범위를 확인했다면, 다음에는 **[3축 센서의 Y]**로 변경하여 Y축의 값의 범위를 확인하고, Z축의 변경 후 Z축의 값의 범위도 확인해봅니다. X, Y, Z축 모두 값의 범위가 -90부터 +90까지인 것을 확인할 수 있습니다.

축의 값이 -90일 때   축의 값이 +90일 때

3) 코딩 따라하기

1-1 스프라이트 추가하기

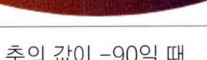

쥐잡기 게임을 만들기 위해서 필요한 스프라이트를 추가합니다. 우선 코드위즈의 모자 스프라이트를 삭제한 후 **[스프라이트 고르기]**를 클릭하고 **[Mouse1]**과 **[Cat2]** 스프라이트를 선택하여 추가해줍니다.

1-2 쥐 스프라이트 위치 설정하기

쥐 스프라이트를 선택 후 [깃발을 클릭했을때] 처음 쥐가 나타날 위치를 정해줍니다. 시작 시 같은 위치가 아닌 랜덤한 위치기에서 시작할 수 있도록 하기 위해서 [동작] 카테고리에서 [X : 0. Y:0 으로 이동하기] 블록을 가져와서 X와 Y의 0의 자리에 [연산]카테고리의 [1부터 10사이의 난수] 블록을 가져와 X좌표의 범위는 [-200부터 200까지의 난수]로 변경합니다. Y축의 값의 범위는 [120부터 -120 사이의 난수]로 변경해줍니다.

1-3 쥐 스프라이트 모양 바꾸기

위치를 설정한 쥐 스프라이트는 화면에서 계속 움직이는 모양으로 보이기 위해 처음 스프라이트의 모양을 [보이기]로 설정한 뒤 [무한 반복하기] 블록안에 [다음모양으로 바꾸기] 블록을 추가하고 [0.3초 기다리기] 블록을 추가하여 0.3초 간격으로 화면을 기어다니는 쥐 스프라이트를 만들어줍니다.

1-4 3축센서로 X, Y 값 범위 설정하기

3축 센서의 X 축의 움직임과 Y 축의 움직임에 따라 고양이 스프라이트를 이동하기 위해서 [깃발을 클릭하였을 때] 계속 이동할 수 있도록 [무한 반복하기]를 추가한 후 [만약 ~ 이라면] 조건식을 넣고 축의 범위에 따른 조건을 정해줍니다.

3축센서의 X축의 +값의 범위를 설정하기 위해 [연산] 카테고리의 [~가 50보다 크다] 블록을 가져와 50을 10으로 변경하고 앞쪽 빈칸에 [3축 센서의 X] 블록을 추가해 줍니다. 그 뒤 X 축의 -값의 범위도 설정하기 위해 같은 방법으로 [~가 50보다 작다] 블록을 가져온 뒤 50을 -10으로 변경하고 빈칸에 [3축센서의 X] 블록을 추가해 줍니다.

그 뒤 +와 -의 두 범위를 모두 감지하여 스프라이트를 이동하기 위해 [연산] 카테고리의 [~ 또는 ~] 블록를 가져와서 왼쪽 빈칸에는 3축 센서의 X가 10보다 크다] 블록을 추가하고 오른쪽 빈칸에는 [3축 센서의 X가 -10보다 작다] 블록을 추가해줍니다.

[만약 ~ 이라면] 조건식을 추가로 추가한 뒤, 3축 센서의 X축의 범위를 설정한 방법과 동일한 방법으로 Y축의 범위를 설정하여 만들어 줍니다.

1-5 고양이 스프라이트 이동 값 설정하기

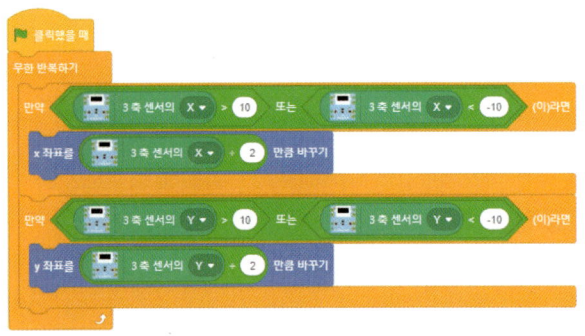

3축 센서의 X축을 왼쪽 또는 오른쪽으로 기울였을 때 고양이 스트라이트가 이동할 수 있도록 [X좌표를 10만큼 바꾸기] 블록을 가져와 [연산] 카테고리에서 [~ 나누기 ~] 블록을 가져옵니다. X축의 센서가 감지된 값 그대로 좌표값에 넣으면 고양이가 너무 빨리 움직이기 때문에 나누기 블록을 이용하여 3축 센서의 X의 값을 나누기 블록 앞쪽에 추가하고 뒤쪽은 2를 입력해줍니다.

Y축의 센서 범위에 따라서 이동하는 Y좌표도 X좌표와 동일한 방법으로 나누기 블록을 이용하여 [3축 센서의 Y 나누기 2]로 바꾸어 [Y좌표를 10 만큼 바꾸기] 블록에서 10자리에 추가애줍니다.

1-6 메시지 신호 보내기

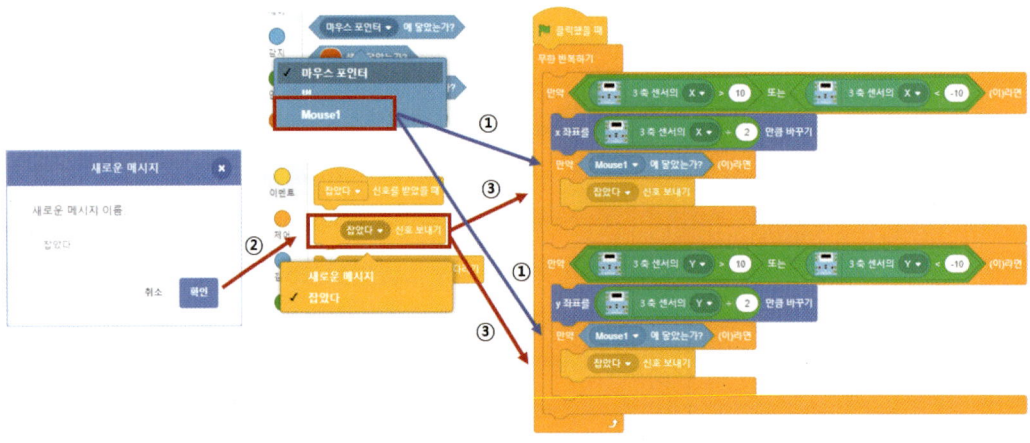

고양이 스프라이트가 3축센서의 움직임에 따라 이동하다가 쥐 스프라이트를 만나면 잡을수있도록 하기 위해서 [만약~ 이라면] 조건식을 만들고 [감지] 카테고리에서 [Mouse1 에 닿았는가] 블록을 가져와 조건식 안쪽에 추가해 줍니다. 조건식 아래에는 쥐 스프라이트의 동작이나 형태를 변경하기

위해 [이벤트] 블록에서 새로운 메시지로 [잡았다] 메시지 신호를 만들어서 [만약 Mouse1 에 닿았는가 이라면] 아래에 [잡았다 신호보내기] 블록을 추가해줍니다.

1-7 쥐 스프라이트에서 신호받기

고양이 스프라이트에서 보낸 [잡았다] 메시지 신호는 쥐 스프라이트에서 신호를 받습니다.

쥐 스프라이트로 이동 뒤 [이벤트] 블록에서 [잡았다 신호를 받았을 때]를 가져오고 그 아래에 고양이와 쥐 스프라이트가 닿을 경우 쥐가 고양이에게 잡혔으니 사라지도록 해주기 위해 [형태] 카테고리에서 [숨기기] 블록을 추가해줍니다. 그 뒤 쥐 스프라이트가 나타날 때 랜덤한 위치에 다시 나타나기 위해서 쥐 스프라이트가 처음 시작 시 랜덤으로 나타나게 했던 블록인 [X : -200 부터 200 사이의 난수, Y: 120 부터 -120 사이의 난수로 이동하기] 블록을 가져와 추가해줍니다. 이렇게 위치를 지정한 뒤 화면에 보일 수 있도록 [보이기] 블록을 추가해줍니다.

2-1 쥐와 고양이 스프라이트가 닿았을 때 블루 LED 켜기

쥐와 고양이 스프라이트가 서로 닿았을 때 블루 LED가 켜졌다가 꺼질 수 있도록 [숨기기] 블록 아래에 [SCON 디지털 18으로 HIGH 내보내기] 블록을 가져와 추가해줍니다. 그 뒤 [랜덤한 위치로 이동하기] 블록 아래에 [제어] 카테고리에서 [1초 기다리기] 블록을 가져와 0.2초로 바꿔 추가해 줍니다.

그 아래에 [SCON 디지털 18으로 HIGH 내보내기] 블록을 가져와 HIGH를 LOW로 변경해줍니다.

6 센서 확장하기 (응용)

1) OLED에 글자표시하기

OLED를 사용하기 위해서는 가장 먼저 필수적으로 [코드위즈] 카테고리에서 [OLED 초기화] 블록을 가져와 [깃발을 클릭했을때] 블록 아래에 추가해줍니다.

새롭게 [이벤트] 카테고리에서 [잡았다 신호를 받았을 때] 블록을 하나 더 가져와 그 아래에 OLED 블록들을 추가해줍니다. 쥐와 고양이 스프라이트가 서로 닿았을 경우 OLED에 [잡았다] 라고 글자를 표시하기 위해서 초기에 보여지는 글자를 먼저 [OLED 지우기] 블록을 추가하여 지워줍니다.

그 뒤 [OLED에 한글포함 코드위즈 Magic!!] 블록을 가져와 [잡았다]로 변경해줍니다. [잡았다] 글자가 나온뒤 새롭게 쥐의 위리가 바뀌게 되면 글자를 지워야 하므로 [제어]카테고리의 [1초 기다리기] 블록을 가져와 0.2초로 변경해줍니다. 마지막으로 잡았다 글자를 지우기 위해 [OOLE 지우기] 블록를 추가해줍니다.

2) 스피커 추가하기

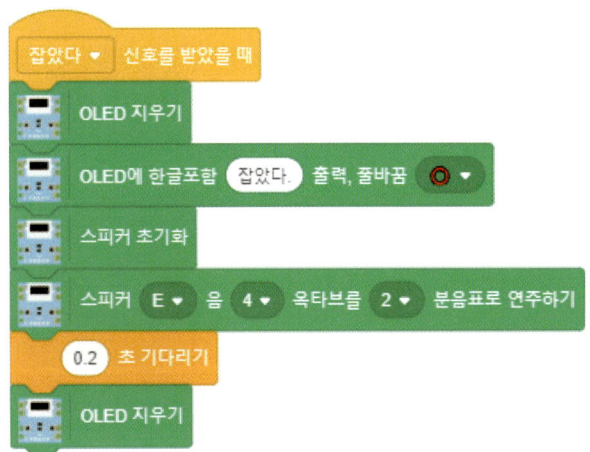

쥐와 고양이 스프라이트가 닿았을 경우 스피커로 알림을 주기 위해서는 [스피커 초기화] 블록을 가져와 OLED 글자 블록 아래에 추가해줍니다.

그 뒤 [스피커 C음 4옥타브를 4분음표로 연주하기] 블록을 가져와 원하는 음과 옥타브, 박자로 변경 뒤 추가해줍니다.

7 응용하기

1) 변수 변경하기

3축센서의 X축과 Y축의 범위를 변수로 변경해보세요

[변수] 카테고리에서 [X]와 [Y] 이름으로 새로운 변수를 2개 만들어줍니다. 변수 [X를 0으로 정하기] 블록을 가져와 [무한 반복하기] 아래쪽에 추가한 뒤 0 의 위치에 [3축센서의 X] 블록으로 변경해줍니다. 변수 Y도 X와 마찬가지로 [Y를 0으로 정하기 블록]을 가져와 0의 위치에 [3축 센서의 Y] 블록으로 변경해줍니다.

그 아래 [만약 ~ 이라면] 안쪽에 있는 [3축센서의 X] 블록을 모두 변수 [X]로 변경해줍니다. 아래쪽의 [x좌표를 3축센서의 X 나누기 2 만큼 바꾸기] 블록에도 [3축센서의 X]를 변수 [X]로 변경해줍니다.

변수 [X]를 모두 변경했다면 아래쪽의 [만약~이라면] 블록과 그 아래에 [y좌표를 3축센서의 나누기 2 만큼 바꾸기] 블록에 있는 [3축센서의 Y] 부분도 모두 변수 [Y]로 변경해줍니다.

2) 점수 추가하기

[점수] 변수를 추가하고 고양이가 쥐를 잡을때마다 점수가 1씩 증가하도록 만들어보세요

[변수] 카테고리에서 [점수] 이름으로 새로운 변수를 만들어줍니다. 새로운 [점수] 변수는 쥐와고양이 두군에 스트라이트에 모두 사용되므로 양쪽 스프라이트 모두 블록을 추가해줍니다. 고양이 스프라이트에는 [깃발을 클릭했을때] [점수를 0으로 정하기] 블록을 추가하여 [점수] 변수의 값을 초기화 해줍니다.

쥐 스프라이트에서는 고양이가 쥐에 닿았을 때 점수가 1씩 증가될 수 있도록 [잡았다 신호를 받았을 때] 블록 아래에 [점수를 1만큼 바꾸기] 블록을 가져와 추가해줍니다.

3) 제한시간 30초 만들기

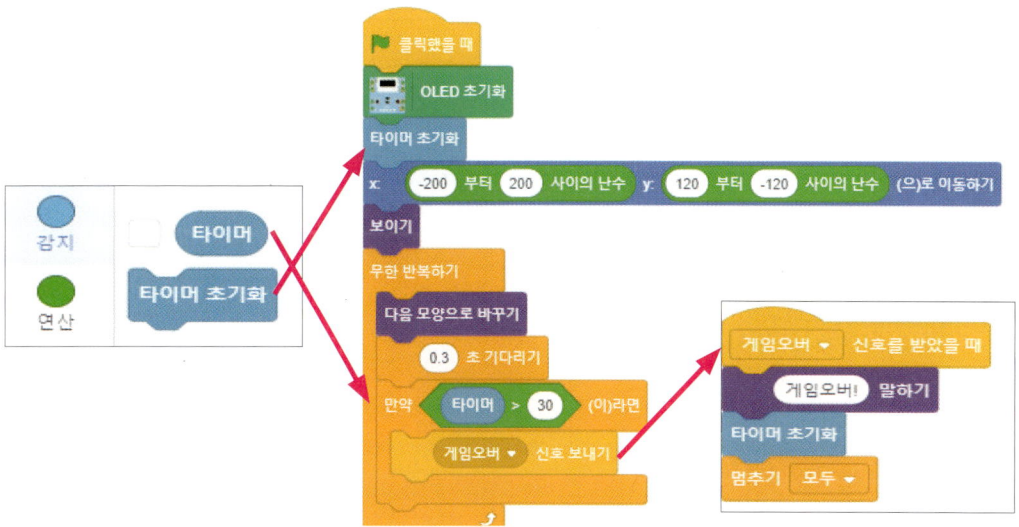

게임을 더욱 재미있게 제작하기 위해서는 다양한 조건들이 필요합니다. 그 중 하나가 제한시간을 두어 제한시간이 지나면 게임이 종료되게 하는 조건입니다. 제한시간을 만들기 위해서는 **[감지]** 카테고리에서 **[타이머]** 값과 **[타이머 초기화]** 블록을 이용하여 제한시간을 만들수 있습니다.

쥐 스프라이트에서 **[OLED 초기화]** 블록 아래에 **[타이머 초기화]** 블록을 추가해 **[깃발이 시작되었을때]** 타이머가 0부터 시작할 수 있도록 초기화를 해줍니다. 그 뒤 **[무한 반복하기]** 안쪽에 **[만약 ~ 이라면]** 조건을 추가하고 조건식에 **[타이머]** 값을 가져와 추가한 뒤 **[~가 50 보다 크가]** 블록을 가져온 뒤 50을 30으로 변경합니다. **[타이머가 30보다 크다면]** 조건식이 완성되면 그 아래 블록에는 제한시간이 지나면 게임이 종료될 수 있도록 **[이벤트]** 카테고리에서 새로운 메시지 신호를 **[게임오버]** 라는 이름으로 만든 뒤 **[게임오버 신호보내기]** 블록을 가져와 추가해줍니다.

[게임오버] 신호를 보내기를 추가하면 신호를 받는 블록이 있어야 하므로 **[게임오버 신호를 받았을 때]** 블록을 가져와 그 아래에 **[형태]** 카테고리에서 **[안녕 말하기]** 블록을 가져와 **[게임오버]** 로 변경한 후 **[타이머 초기화]** 를 합니다. 마지막으로는 게임이 종료될 수 있도록 **[제어]** 카테고리에서 **[멈추기 모두]** 블록을 가져와 추가해주면 제한시간 30초가 지날 경우 게임이 종료되게 됩니다.

8 전체 알고리즘 정리하기

1) 기본코드 알고리즘 (고양이 스프라이트)

```
▶ 클릭했을 때
무한 반복하기
    만약 <3축 센서의 X > 10> 또는 <3축 센서의 X < -10> (이)라면
        x 좌표를 (3축 센서의 X ÷ 2) 만큼 바꾸기
        만약 <Mouse1 에 닿았는가?> (이)라면
            잡았다 ▼ 신호 보내기

    만약 <3축 센서의 Y > 10> 또는 <3축 센서의 Y < -10> (이)라면
        y 좌표를 (3축 센서의 Y ÷ 2) 만큼 바꾸기
        만약 <Mouse1 에 닿았는가?> (이)라면
            잡았다 ▼ 신호 보내기
```

2) 기본코드 알고리즘 (쥐 스프라이트)

3) 응용코드 알고리즘 (고양이 스프라이트)

```
▶ 클릭했을 때
점수 ▼ 을(를) 0 로 정하기
x: 0 y: 0 (으)로 이동하기
무한 반복하기
    X ▼ 을(를) 3축 센서의 X ▼ 로 정하기
    Y ▼ 을(를) 3축 센서의 Y ▼ 로 정하기
    만약 X > 10 또는 X < -10 (이)라면
        x 좌표를 X ÷ 2 만큼 바꾸기
        만약 Mouse1 ▼ 에 닿았는가? (이)라면
            잡았다 ▼ 신호 보내기

    만약 Y > 10 또는 Y < -10 (이)라면
        y 좌표를 Y ÷ 2 만큼 바꾸기
        만약 Mouse1 ▼ 에 닿았는가? (이)라면
            잡았다 ▼ 신호 보내기
```

4) 응용코드 알고리즘 (쥐 스트라이트)

클릭했을 때
- OLED 초기화
- 타이머 초기화
- x: -200 부터 200 사이의 난수 y: 120 부터 -120 사이의 난수 (으)로 이동하기
- 보이기
- 무한 반복하기
  - 다음 모양으로 바꾸기
  - 0.3 초 기다리기
  - 만약 타이머 > 30 (이)라면
    - 게임오버 ▼ 신호 보내기

잡았다 ▼ 신호를 받았을 때
- 점수 ▼ 을(를) 1 만큼 바꾸기
- 숨기기
- SCON 디지털 18 ▼ 으로 HIGH ▼ 내보내기
- x: -200 부터 200 사이의 난수 y: 120 부터 -120 사이의 난수 (으)로 이동하기
- 0.2 초 기다리기
- SCON 디지털 18 ▼ 으로 LOW ▼ 내보내기
- 보이기

잡았다 ▼ 신호를 받았을 때
- OLED 지우기
- OLED에 한글포함 잡았다. 출력, 풀바꿈 ◉ ▼
- 스피커 초기화
- 스피커 E ▼ 음 4 ▼ 옥타브를 4 ▼ 분음표로 연주하기
- 0.2 초 기다리기
- OLED 지우기

게임오버 ▼ 신호를 받았을 때
- 게임오버! 말하기
- 타이머 초기화
- 멈추기 모두 ▼

9장

밸리댄스의 TOP

09 밸리댄스의 TOP

1 프로젝트 준비

학습 목표	수동부저의 원리를 이해하고 코드위즈 3축 센서의 값을 이용해 수동부저를 제어할 수 있다.
프리뷰	3축센서 측정, 소리출력, OLED 출력, RGB LED 켜기
핵심키워드	코드위즈, 3축센서, 수동부저, OLED, RGB LED
학습 시간	1시간
학습 난이도	중

2 준비물 알아보기

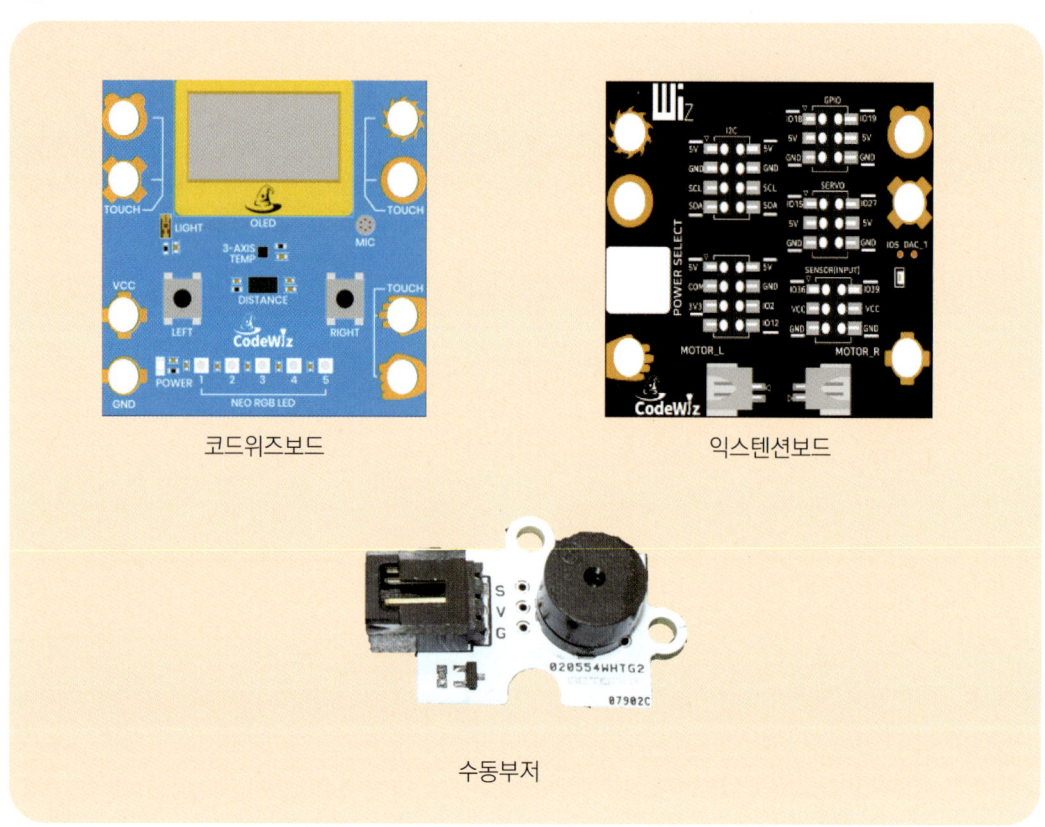

코드위즈보드   익스텐션보드

수동부저

③ 센서 알아보기

1) 수동부저

수동 부저는 피에조 효과로 소리를 내는 부저로 전원을 공급하면 스스로 소리를 내지는 않고 외부의 진동 주파수 신호를 받고 소리를 출력합니다. 주파수의 진동 헤르츠(HZ)에 따라 여러 음을 낼 수 있습니다.

피에조 효과는 특정 방향으로 압력이 가해진 수정이나 전기석 등의 결정체 표면에 전기가 발생하면서 수축하거나 팽창하는 효과로 압전 효과라고 합니다. 이러한 압전 소자에 얇은 판을 붙여 전기 신호를 주어 수축과 팽창을 반복하면 미세한 떨림으로 소리를 냅니다.

본 예제에는 코드위즈의 3축 센서의 기울기 값의 범위 안에서 수동 부저를 제어할 수 있게 했습니다.

수동부저

4 회로도 알아보기

코드위즈 3축 센서의 기울기 값을 이용하여 수동 부저의 소리를 출력할 수 있도록 익스텐션 보드 IO18번 핀에 수동 부저를 연결합니다.

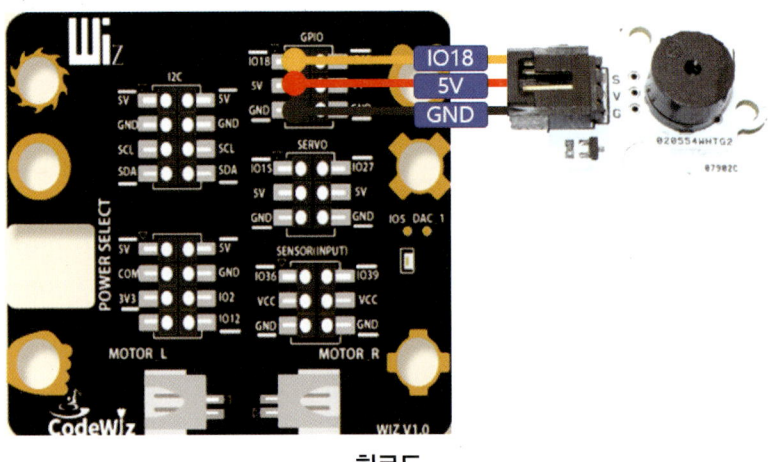

회로도

5 코딩스쿨로 코딩하기 (기본)

1) 연결하기

[코딩스쿨] 프로그램을 실행하고 코드위즈 보드와 컴퓨터를 USB케이블로 연결 후 코딩스쿨 3.0 프로그램에서 연결메뉴에서 [코드위즈 연결]을 선택한 후 [포트 연결] 창이 뜨면 [OK]를 클릭합니다.

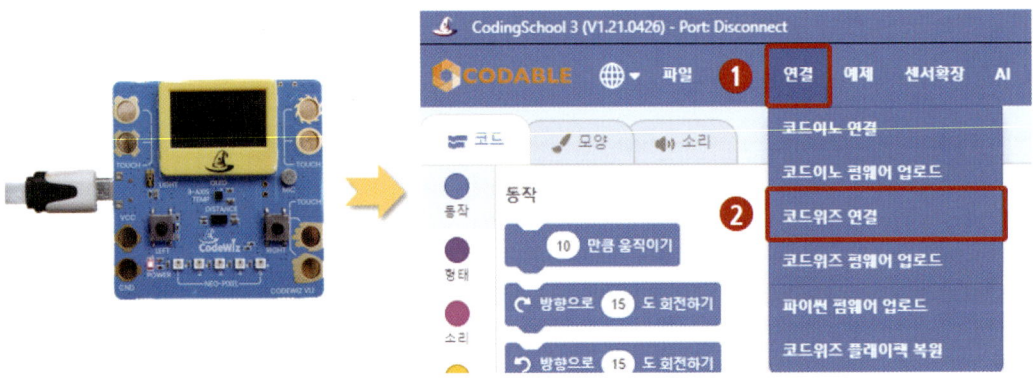

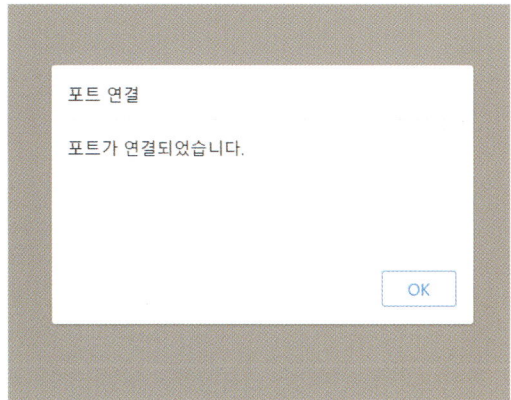

코드위즈의 블록이 생성된 것을 확인합니다.

2) 수동 부저 제어하기

1-1 변수 만들기

수동 부저의 디지털 출력과 아날로그 출력을 비교하기 위해 2개의 변수를 만듭니다. 일정 시간 동안 박자를 맞출 수 있은 **[박자 맞추기]**변수와 설정된 시간 동안 알람이 울리게 하기 위해 먼저 **[알람]** 변수를 만듭니다.

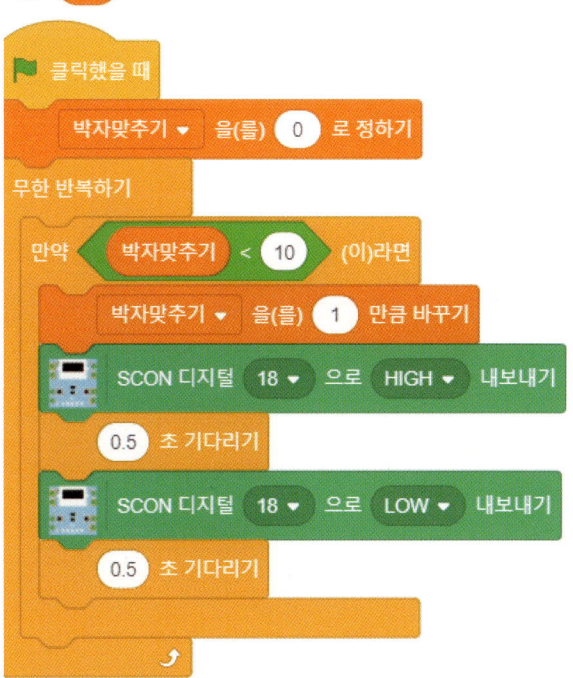

먼저 수동 부저를 디지털로 출력하는 **[박자 맞추기]** 코드입니다.

[깃발을 클릭했을 때] 시작하면 **[박자 맞추기]**변수는 0으로 정합니다.

[만약 ~ (이)라면] 조건 블록에 **[박자 맞추기 < 10]**이면 **[박자 맞추기]**변수를 1만큼 바꾸고, 수동 부저가 작동할 수 있게 코드위즈의 외부 센서를 불러오는 **[SCON 디지털 18 으로 HIGH 내보내기]**블록과 **[0.5초 기다리기]** 후 **[SCON 디지털 18 으로 LOW 내보내기]**와 **[0.5초 기다리기]** 블록을 연결합니다.

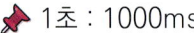 1초 : 1000ms

[~초 기다리기] 블록의 숫자를 바꾸거나 [~초 기다리기] 블록을 한 개를 빼면 어떤 소리가 나는지 차이를 구별해 보세요.

다음은 수동 부저를 아날로그 제어 (PWM 제어)로 출력하는 [알람] 코드입니다.

[클릭했을 때] [알람]변수는 0으로 정합니다.

20초 동안 알람이 울리도록 [만약 ~ (이)라면] 조건 블록에 [알람]변수를 1만큼 바꾸고 [SCON PWM 18으로 512 내보내기(0~1023)] 후 0.5초 기다렸다 [SCON PWM 18으로 0 내보내기(0~1023)]하고 [0.5초 기다리기]블록을 연결합니다.

 SCON PWM 값 : 0 ~ 1023

PWM의 내보내기 숫자를 변경하면서 소리를 확인 해 보세요.

3) 코딩 따라하기

1-1 스프라이트 고르기

스프라이트이트 고르기에서 **[Mermaid]**를 선택합니다.
블록 팔레트의 모양 탭에서 모양 2, 3, 4를 휴지통 아이콘을 눌러 삭제합니다.

1번 모양을 전체 선택하고 가운데 중심점에 모양의 중심을 위치합니다.

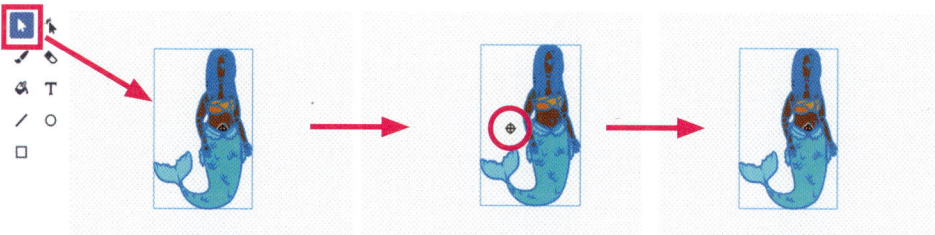

중심을 맞춘 1번 모양을 복사하여 모양 2번을 만듭니다.

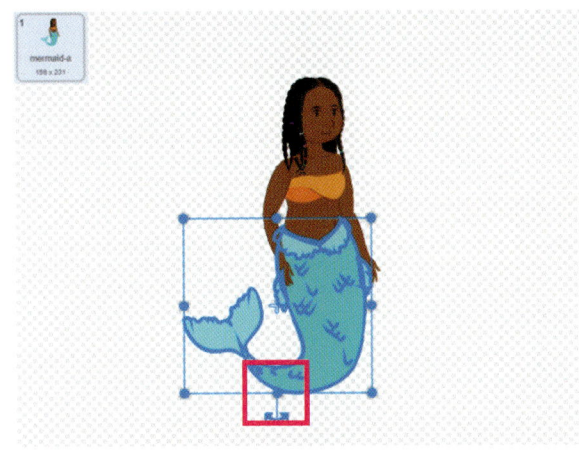

모양 1번의 꼬리를 선택하고 회전 모양을 클릭하고 오른쪽으로 10도 정도 회전시키세요.(자연스럽게 원하는 만큼 회전하세요) 모양 2번도 같은 방법으로 반대 방향 왼쪽으로 10도 정도 회전합니다.

📌 코드위즈 3축 센서

기울기를 감지하는 센서로 x, y, z축의 기울기 값으로 –90 ~ 90을 측정할 수 있고, 평평한 곳에 놓았을 때 x = 0, y = 0, z = 0의 값으로 표시됩니다.
x축은 왼쪽/오른쪽 y축은 위/아래 방향으로 기울이면 값을 얻을 수 있고 z축은 앞면에서 뒷면으로 천천히 뒤집으면 값을 확인할 수 있습니다.

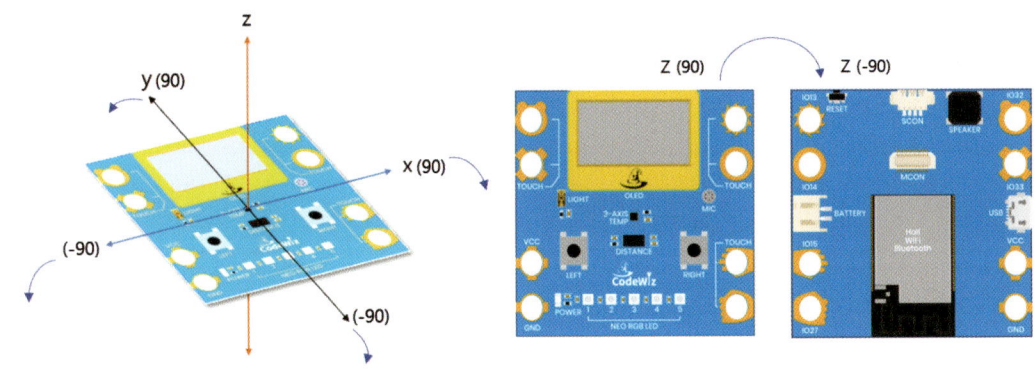

1-2 변수 만들기

코드위즈의 3축 센서의 축의 기울기 측정값과 기울기 변화로 횟수를 확인하기 위해 변수 **[흔들기 횟수]**와 **[x축 측정값]**을 만듭니다.

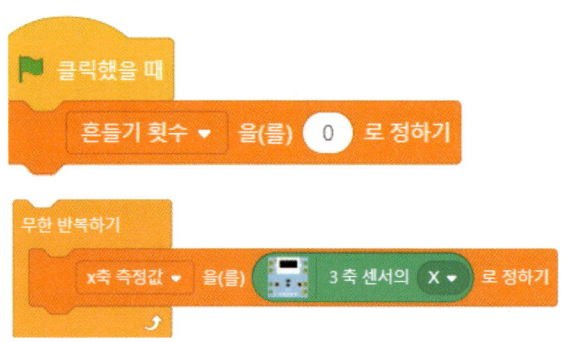

[**클릭했을 때**] 흔들기 횟수 변수는 0으로 정하고, 코드위즈 [**X축 측정값**] 변수를 [**3축센서의 X값**]으로 정합니다.

1-3 조건 만들기

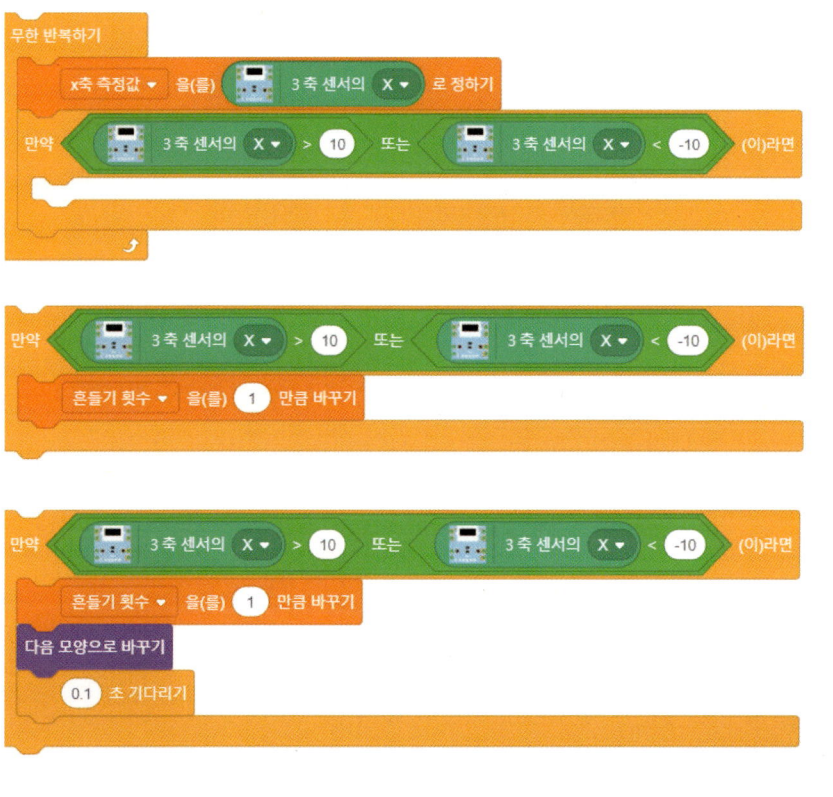

3축센서의 X의 기울기 값의 범위를 정합니다.
[**-90 ~ 90**] 사이의 측정할 수 있는 값으로 정해 [**만약 ~ (이)라면**] 조건에 논리연산 [**또는**] 블록을 이용하여 어떤 조건 하나라도 만족하면 실행할 수 있도록 연결합니다.
3축 센서 기울기 X 값의 범위에 해당하는 경우 [**흔들기 횟수**]변수는 1만큼 바꾸기 합니다.
memaid 모양을 [**다음 모양으로 바꾸기**]블록을 연결해 움직일 수 있도록 합니다.

6. 센서 확장하기 (응용)

1) 조건 추가하기

10초동안 흔들기 횟수가 얼마인지 확인하기 위한 신호를 보내기 위해 [만약 ~(이)라면]조건 블록에 [타이머 > 10] 비교 연산블록을 연결합니다.

2) 신호 보내기

메시지를 전달하기 위해 [이벤트] 카테고리의 [메시지 신호 보내기]를 클릭 후 [새로운 메시지]이름을 [횟수 확인]을 적고 확인을 누릅니다.
새로운 메시지를 만들면 신호를 보낼 수 있는 블록이 생성됩니다.

만약 [타이머 > 10]이라면 [횟수 확인] 신호를 보냅니다.

1-1 [횟수 확인] 신호를 받았을 때
제한된 시간 동안 블록을 실행할 수 있도록 [감지]카테고리의 [타이머] 기능을 사용합니다. [타이머] 블록을 사용하기 위해서는 [타이머 초기화]를 선언해야 하기 때문에 [횟수 확인 신호를 받았을 때] 다음으로 연결합니다

[흔들기 횟수]에 따라 조건을 달리하기 위해 비교연산 블록을 이용해서 조건을 실행하도록 합니다.

[흔들기 횟수]는 흔들 수 있는 조건에 맞게 비교할 수 있도록 숫자를 입력합니다.

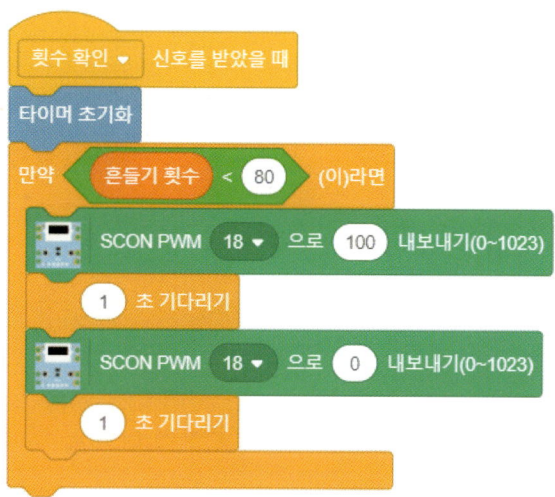

[흔들기 횟수]를 비교하여 조건에 맞으면 수동 부저가 작동하도록 합니다.

수동 부저는 1 ~1023 사이의 숫자를 입력하여 소리를 출력할 수 있습니다.

코드위즈 블록의 SCON PWM 핀의 내보내기블록은 음계가 정확하게 출력은 되지 않아서 각 음계의 헤르츠에 따라 비교하는 부족합니다. 본 예제에서는 코드위즈 SCON 커넥터의 사용방법을 보여드리기 위해 만들었습니다.

다른 조건 블록에도 수동 부저를 작동시킬 수 있는 SCON PWM 블록을 같은 방법으로 사용할 수 있습니다.

7 응용하기

1) OLED 추가하기

코드위즈 OLED를 사용하기 위해서 [횟수 확인] 신호를 받았을 때 [OLED 초기화]블록을 연결합니다.

[흔들기 횟수]에 조건에 따라 OLED 화면에 응원 문장을 출력합니다.

[흔들기 횟수 < 80]이면 [횟수 : 더 많이 흔드세요!!]
[흔들기 횟수 > 80 또는 흔들기 횟수 < 130]이면 [횟수 : 밸리왕에 도전하세요!!]
[흔들기 횟수 > 130]이면 [횟수 : 밸리댄스 TOP!!]를 출력합니다.

📌 연산 블록의 [단어 결합하기]

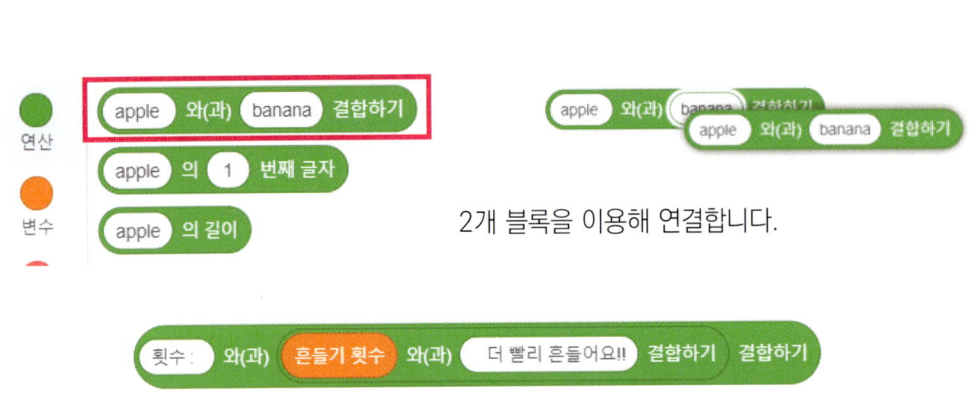

2개 블록을 이용해 연결합니다.

📌 흔들기 횟수에 따라 RGB LED를 단계마다 추가해 보세요. 코드는 전체 코드 알고리즘 응용 코드에 있습니다.

8 전체 알고리즘 정리하기

1) 기본코드 알고리즘

```
▶ 클릭했을 때
흔들기 횟수 ▼ 을(를) 0 로 정하기
무한 반복하기
    x축 측정값 ▼ 을(를) [3축 센서의 X ▼] 로 정하기
    만약 [3축 센서의 X ▼] > 10 또는 [3축 센서의 X ▼] < -10 (이)라면
        흔들기 횟수 ▼ 을(를) 1 만큼 바꾸기
        다음 모양으로 바꾸기
        0.1 초 기다리기
    만약 타이머 > 10 (이)라면
        횟수 확인 ▼ 신호 보내기
```

9장 밸리댄스의 TOP

```
[횟수 확인 ▼] 신호를 받았을 때
타이머 초기화
만약 < 흔들기 횟수 < 80 > (이)라면
    SCON PWM 18 ▼ 으로 100 내보내기(0~1023)
    1 초 기다리기
    SCON PWM 18 ▼ 으로 0 내보내기(0~1023)
    1 초 기다리기
만약 < 흔들기 횟수 > 80 > 그리고 < 흔들기 횟수 < 130 > (이)라면
    2 번 반복하기
        SCON PWM 18 ▼ 으로 500 내보내기(0~1023)
        1 초 기다리기
        SCON PWM 18 ▼ 으로 0 내보내기(0~1023)
        1 초 기다리기
만약 < 흔들기 횟수 > 130 > (이)라면
    3 번 반복하기
        SCON PWM 18 ▼ 으로 1000 내보내기(0~1023)
        1 초 기다리기
        SCON PWM 18 ▼ 으로 0 내보내기(0~1023)
        1 초 기다리기
```

2) 응용코드 알고리즘

횟수 확인 신호를 받았을 때
- 타이머 초기화
- OLED 초기화
- RGB 초기화
- 만약 〈흔들기 횟수 < 80〉 (이)라면
  - OLED 지우기
  - OLED에 한글포함 〈횟수 : 와(과) 흔들기 횟수 와(과) 더 빨리 흔들어요!! 결합하기 결합하기〉 출력, 줄바꿈
  - SCON PWM 18 으로 100 내보내기(0~1023)
  - RGB 1 번 LED에 🔴 으로 켜기
  - 1 초 기다리기
  - SCON PWM 18 으로 0 내보내기(0~1023)
  - RGB 모두 끄기
  - 1 초 기다리기

- 만약 〈흔들기 횟수 > 80 그리고 흔들기 횟수 < 130〉 (이)라면
  - OLED 지우기
  - OLED에 한글포함 〈횟수 : 와(과) 흔들기 횟수 와(과) 밸리왕에 도전하세요!! 결합하기 결합하기〉 출력, 줄바꿈
  - 2 번 반복하기
    - RGB 1 번 LED에 🔴 으로 켜기
    - RGB 2 번 LED에 🟡 으로 켜기
    - SCON PWM 18 으로 500 내보내기(0~1023)
    - 1 초 기다리기
    - RGB 3 번 LED에 🟢 으로 켜기
    - SCON PWM 18 으로 0 내보내기(0~1023)
    - 1 초 기다리기
    - RGB 모두 끄기

10장

날씨알리미

10 날씨 알리미

1 프로젝트 준비

학습 목표	충돌 센서를 이용하여 공공데이터를 활용해 대기정보를 얻은 결과값을 표현할 수 있다.
프리뷰	공공데이터 활용, 대기환경 센서 확장, 충돌센서 제어
핵심키워드	공공 데이터 활용, 우리나라 대기정보 확인, 충돌 센서
학습 시간	1시간
학습 난이도	상

2 준비물 알아보기

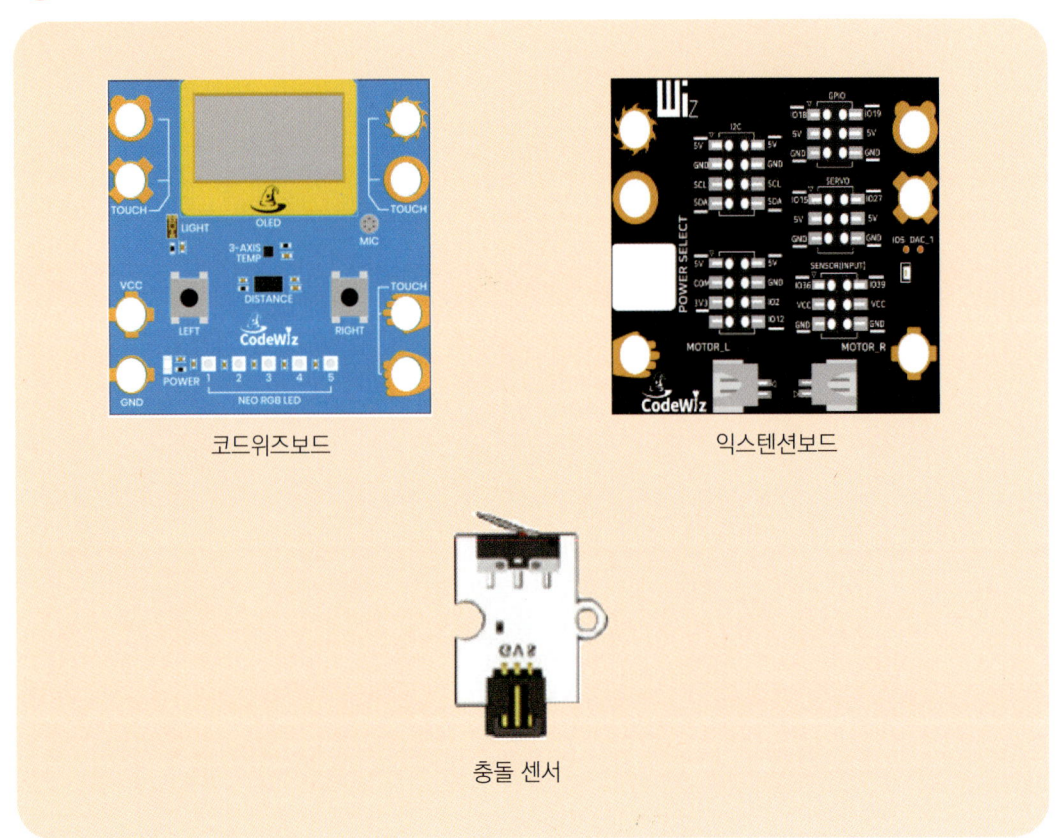

코드위즈보드   익스텐션보드

충돌 센서

❸ 공공 데이터를 활용한 대기 정보 알아보기

공공기관이 생성 또는 관리하고 있는 공공데이터를 누구라도 쉽고 편리하게 검색을 통해 원하는 공공데이터를 무료로 이용할 수 있도록 다양한 방식으로 공공데이터포털(data.go.kr)에서 제공하고 있습니다.

내가 살고 있는 곳의 대기 정보를 확인하기 위해 공공데이터를 활용하겠습니다.

1) 공공데이터포털 회원가입하기

크롬브라우저를 이용해 공공데이터포털(http://www.data.go.kr)을 검색 후 접속합니다.
오른쪽 상단의 **[회원가입]**을 클릭하여 회원 가입 절차를 진행 후 로그인합니다.

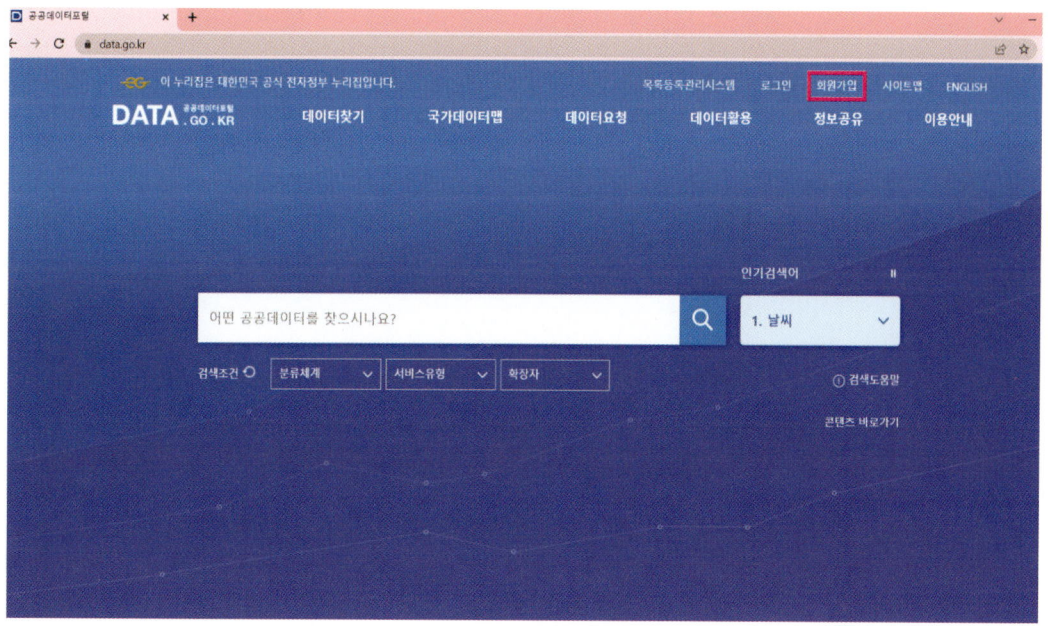

2) 공공데이터 활용 신청하기

홈 화면 중앙의 검색 입력란에 [에어코리아 대기오염정보]를 입력 후 Enter 또는 돋보기를 눌러 검색합니다.

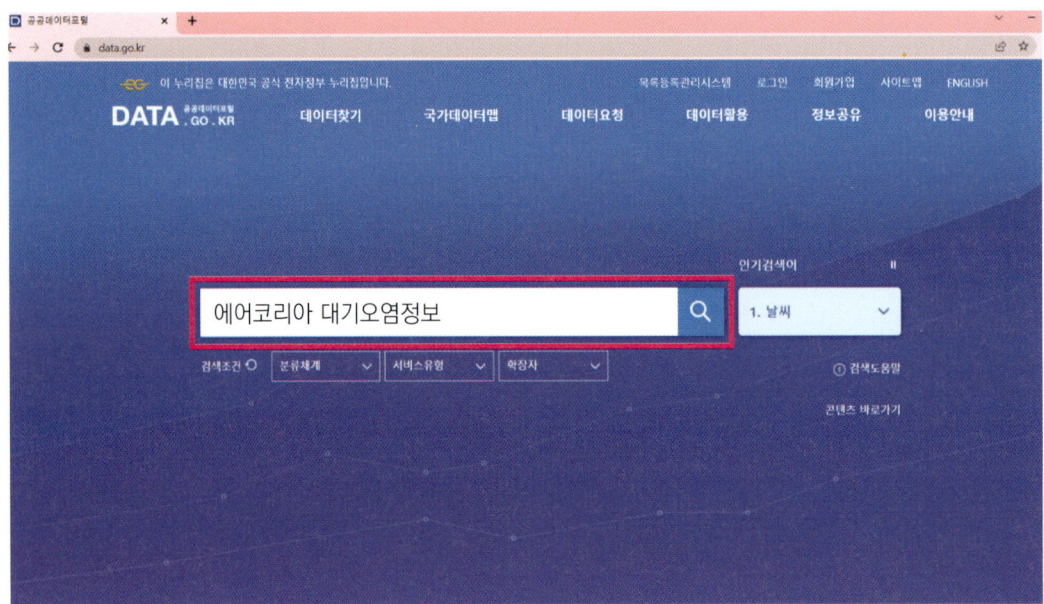

검색 결과 화면에서 [오픈API]를 선택합니다. 검색 목록에서 [한국환경공단_에어코리아_대기오염정보]의 [활용신청]을 클릭합니다.

[OpenAPI 개발계정 신청]화면의 [활용목적 선택]의 활용목적을 [기타]로 선택하고 '공부'라고 입력합니다.

[상세기능정보 선택]은 모두 체크되어 있으니 그대로 두고 넘어가면 됩니다. [라이선스 표시]의 이용허락범위를 동의하고 [활용신청]을 누릅니다.

3) 오픈API 활용하기

공공데이터 활용신청이 승인이 완료되면 오른쪽 상단의 **[마이 페이지]**를 클릭하여 활용신청한 내용을 확인할 수 있습니다.

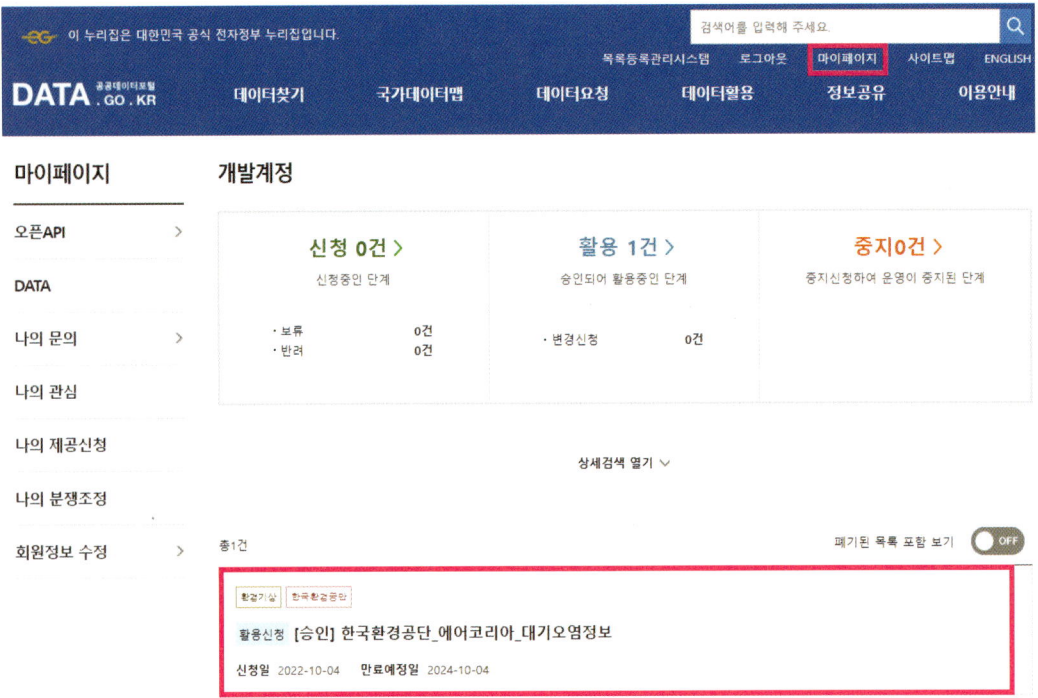

승인된 **[한국환경공간_에어코리아_대기오염정보]**를 클릭하면 **[개발계정 상세보기]**를 볼 수 있습니다. 개발계정 상세보기 화면의 서비스 정보의 **[일반 인증키(Encoding)]**를 활용하여 실제 대기정보를 가져옵니다. 인증키는 마우스로 드래그하여 복사 후 메모장에 붙여넣기 해둡니다.

개발계정 상세보기

기본정보

데이터명	한국환경공단_에어코리아_대기오염정보 상세설명		
서비스유형	REST	심의여부	자동승인
신청유형	개발계정 | 활용신청	처리상태	승인
활용기간	2022-10-04 ~ 2024-10-04		

서비스정보

참고문서	에어코리아 대기오염정보 조회 서비스 기술문서 v1.0.docx
데이터포맷	JSON+XML
End Point	http://apis.data.go.kr/B552584/ArpltnInforInqireSvc
	API 환경 또는 API 호출 조건에 따라 인증키가 적용되는 방식이 다를 수 있습니다. 포털에서 제공되는 Encoding/Decoding 된 인증키를 적용하면서 구동되는 키를 사용하시기 바랍니다. * 향후 포털에서 더 명확한 정보를 제공하기 위해 노력하겠습니다.
일반 인증키 (Encoding)	dfopnUWQ1zNWyanYr0f2wsOu15yt8CbhfNzM4G07uxVQyvFXeavnyJqdMNfPzNbmn6QTU7P8DGvhAZDW56wPoA%3D%3D
일반 인증키 (Decoding)	

4) 실시간 대기 정보 확인하기

공공데이터의 오픈API를 활용하여 가져온 데이터의 대기 정보를 실시간으로 확인할 수 있는 한국환경공단이 운영하는 **[에어코리아(Air Korea)]** 홈페이지에 접속합니다.

airkorea.or.kr · https://www.airkorea.or.kr › web ▼

에어코리아 - 실시간 대기환경정보

에어코리아 · 보통. 위치 : 서울 중구 덕수궁길 15 · 좋음. 위치 : 서울 용산구 한강대로 405 · 좋음. 위치 : 서울 종로구 종로35가길 19 · 보통. 위치 : 서울 중구 청계천로 ...
실시간 대기 정보 · 오늘/내일/모레 대기정보 · 미세먼지 · 시도별 대기정보(PM 2.5)

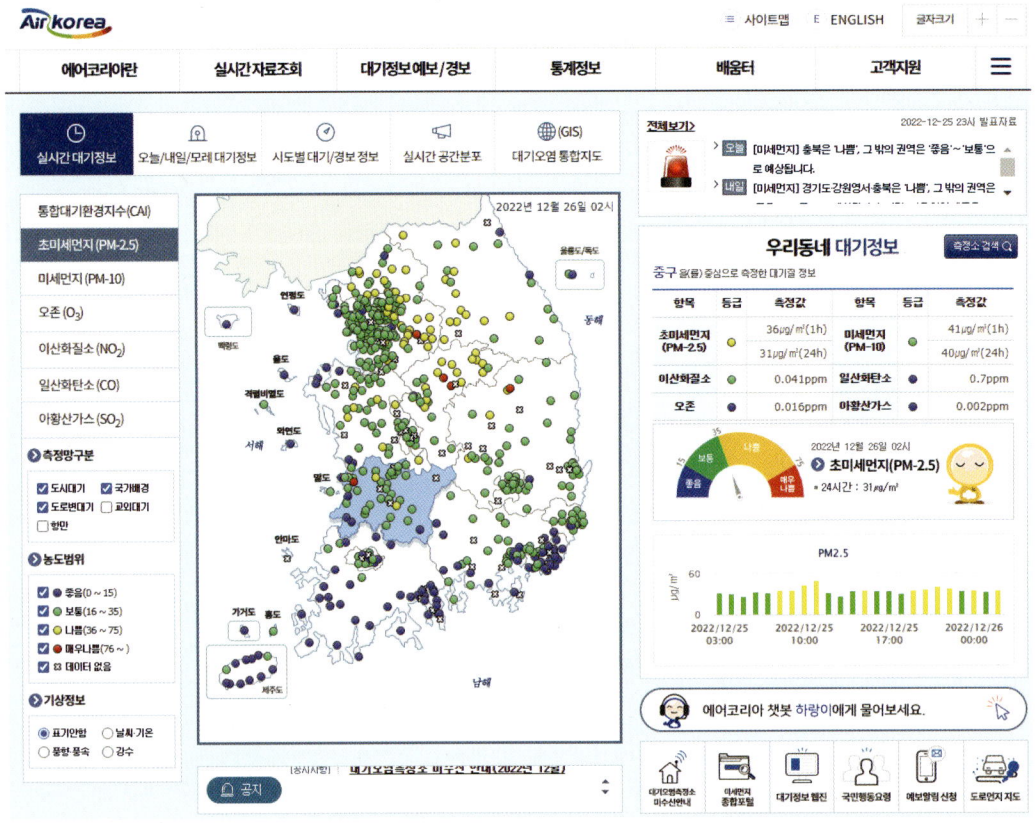

[우리동네 대기정보]를 확인하고 싶다면 [실시간 자료조회]탭의 [실시간대기정보]를 선택합니다.

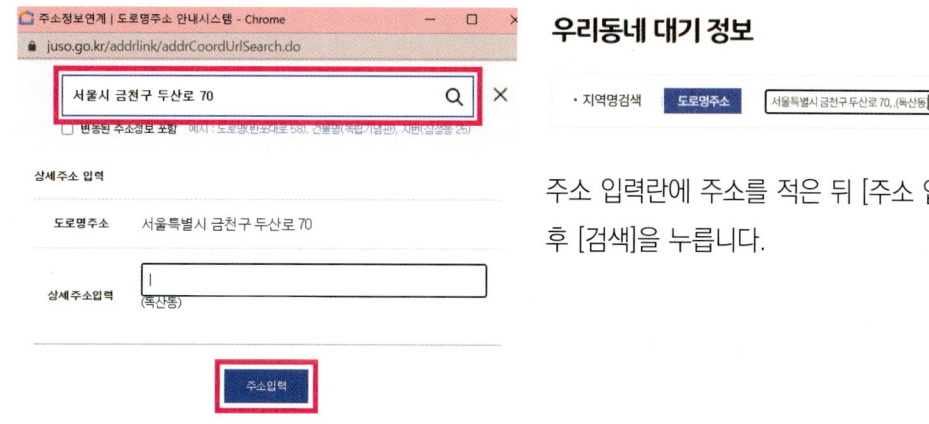

주소 입력란에 주소를 적은 뒤 [주소 입력]을 클릭 후 [검색]을 누릅니다.

검색된 주소의 가까운 위치의 측정소와 측정주소, 거리, 측정망을 확인할 수 있습니다.

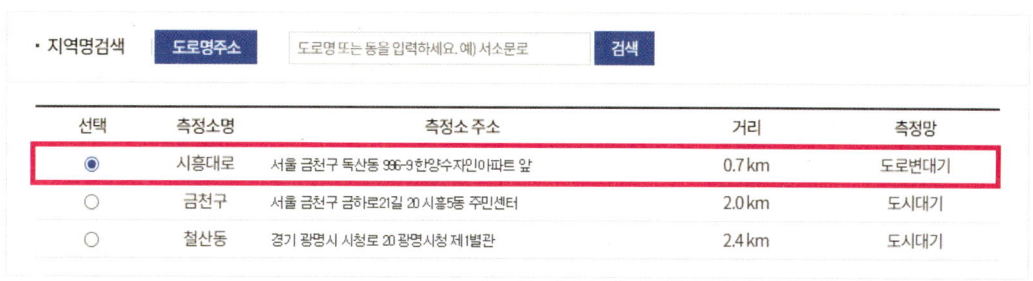

[측정자료조회]에서 시간, 일평균별로 데이터를 구분하여 검색할 수 있습니다.

4 회로도 알아보기

충돌 센서를 이용해 공공 데이터를 활용한 결과를 RGB LED로 나타낼 수 있도록 코드위즈 익스텐션 보드 IO27번 핀에 충돌 센서를 연결합니다.

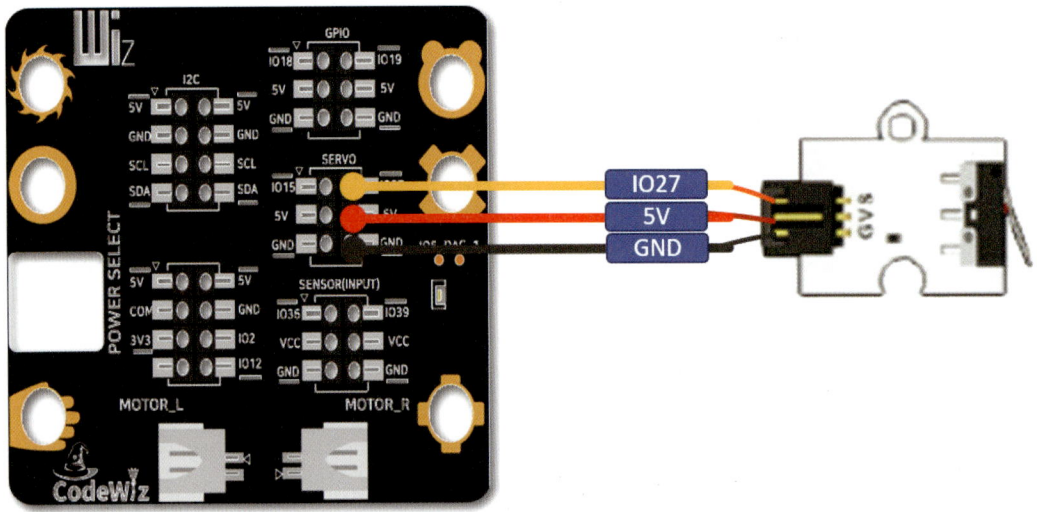

회로도

5 코딩스쿨로 코딩하기 (기본)

1) 연결하기

[코딩스쿨] 프로그램을 실행하고 코드위즈 보드와 컴퓨터를 USB케이블로 연결 후 코딩스쿨 3.0 프로그램에서 연결메뉴에서 [코드위즈 연결]을 선택한 후 [포트 연결] 창이 뜨면 [OK]를 클릭합니다.

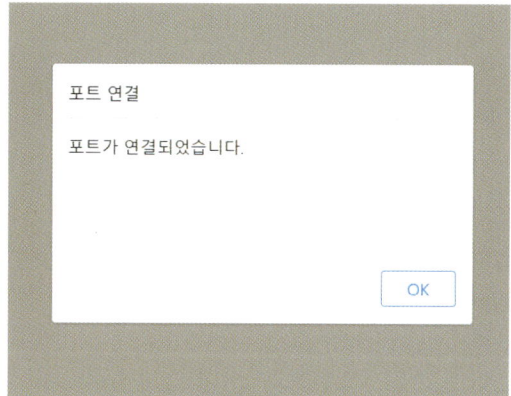

코드위즈의 블록이 생성된 것을 확인합니다.

2) 센서 확장하기

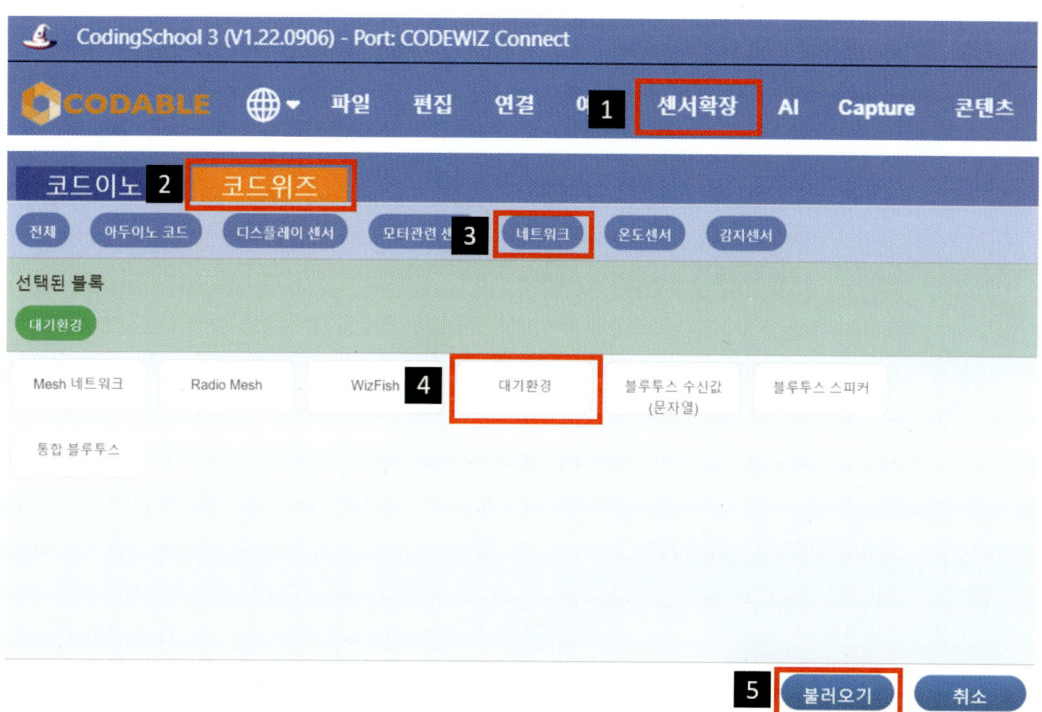

메뉴 표시줄의 **[센서확장]**을 선택하고 **[코드위즈]**의 **[네트워크] [대기환경]**을 선택하고 불러오기 합니다.

1-1 대기환경 블록 알아보기

대기환경 블록	
관측소명 설정: 철산동	주소입력으로 검색한 가까운 측정소명을 입력합니다.
API키 설정: api key	공공데이터포털에서 발급받은 오픈API 일반 인증키 (Encoding)를 입력합니다.
데이터 다시 가져오기	23개의 새로운 데이터를 가져옵니다.
데이터 의 갯수	새로운 데이터를 가져올 때 한 번에 가져온 대기오염 개수를 알려줍니다.
최신 AirdataType_PM10 데이터 반환	현재 시간 기준 가장 최근 대기오염정보 값을 반환합니다.
인덱스 0 의 AirdataType_PM10 데이터 반환	한 번에 가져온 데이터 개수를 기준으로 인덱스로 지정한 순서의 대기오염정보 값을 반환합니다.

📌 대기환경 블록은 업로드만 가능한 회색블록입니다.

1-2 [데이터 다시 가져오기] 블록 알기

가장 최근에 측정된 데이터를 기준으로 24시간동안 23개의 새로운 데이터를 가져옵니다. 데이터의 번호는 0 ~ 22번으로 구분되며, 가장 최근 데이터 번호는 22번입니다.

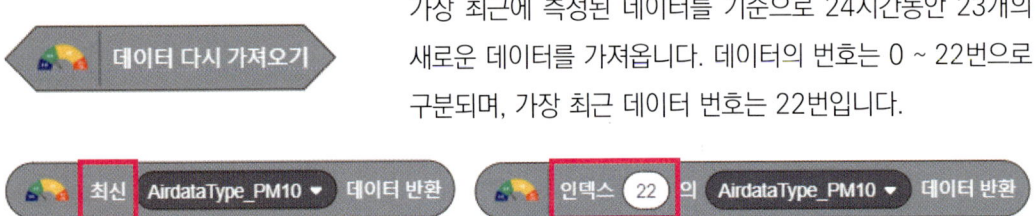

[최신 데이터 반환] 블록은 데이터 번호가 22번인 경우 [인덱스 (22)의 데이터 반환] 블록과 같은 값을 가집니다.

<시흥대로>

인덱스	날짜 (월-일:시)	PM-10 (μg/m³) 1시간		PM-2.5 (μg/m³) 1시간		오존 (ppm) 1시간		이산화질소 (ppm) 1시간		일산화탄소 (ppm) 1시간		아황산가스 (ppm) 1시간	
22	12-20:23	●	31	●	19	●	0.002	●	0.052	●	0.7	●	0.003
21	12-20:22	●	32	●	21	●	0.002	●	0.059	●	0.7	●	0.003
20	12-20:21	●	34	●	23	●	0.001	●	0.058	●	0.7	●	0.003
19	12-20:20	●	31	●	22	●	0.002	●	0.055	●	0.7	●	0.004
18	12-20:19	●	37	●	26	●	0.001	●	0.055	●	0.7	●	0.003
17	12-20:18	●	29	●	19	●	0.002	●	0.053	●	0.7	●	0.003
16	12-20:17	●	31	●	16	●	0.003	●	0.063	●	0.6	●	0.004
15	12-20:16	●	38	●	16	●	0.004	●	0.070	●	0.6	●	0.004
14	12-20:15	●	38	●	16	●	0.006	●	0.089	●	0.6	●	0.004
13	12-20:14	●	34	●	10	●	0.007	●	0.060	●	0.6	●	0.004
12	12-20:13	●	38	●	14	●	0.008	●	0.040	●	0.6	●	0.004
11	12-20:12	●	34	●	15	●	0.006	●	0.054	●	0.6	●	0.004
10	12-20:11	●	36	●	20	●	0.003	●	0.067	●	0.9	●	0.004
9	12-20:10	●	35	●	21	●	0.002	●	0.070	●	1.1	●	0.004
8	12-20:09	●	29	●	17	●	0.002	●	0.056	●	1.1	●	0.004
7	12-20:08	●	26	●	18	●	0.001	●	0.080	●	0.9	●	0.004
6	12-20:07	●	24	●	14	●	0.002	●	0.068	●	0.8	●	0.004
5	12-20:06	●	21	●	13	●	0.002	●	0.041	●	0.8	●	0.004
4	12-20:05	●	21	●	12	●	0.002	●	0.043	●	0.7	●	0.003
3	12-20:04	●	20	●	13	●	0.007	●	0.037	●	0.5	●	0.003
2	12-20:03	●	21	●	11	●	0.002	●	0.048	●	0.7	●	0.003
1	12-20:02	●	20	●	9	●	0.013	●	0.031	●	0.4	●	0.003
0	12-20:01	●	27	●	11	●	0.009	●	0.039	●	0.5	●	0.003

3) 코딩 따라하기

1-1 와이파이 접속 및 관측소, API키 설정하기

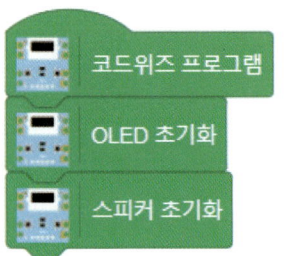

코드위즈 프로그램을 실행 후 와이파이가 접속한 것을 알리는 **[소리]**가 나고, 관측소 측정값을 OLED에 출력하기 위해 초기화 블록을 사용합니다.

[~까지 기다리기]조건 블록에 코드위즈 **[와이파이 접속]** 블록을 연결하고, ssid/pwd를 입력합니다. 스피커로 와이파이 접속 알림음을 연주합니다.

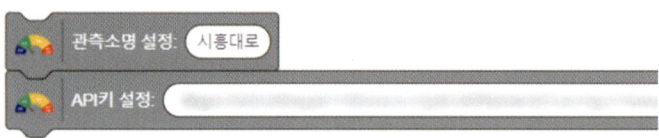

에어코리아 사이트에서 주소입력으로 검색한 **[측정소명]**을 입력하고, 공공데이터포털에서 승인받은 오픈API **[일반 인증키]**를 복사하여 붙여넣기 합니다.

1-2 데이터를 가져와 OLED에 출력하기

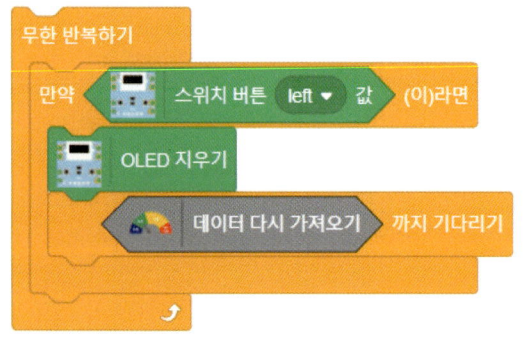

코드위즈 **[스위치버튼 왼쪽을 누를 때]**마다 OLED의 출력된 내용을 지우고, 공공데이터 대기정보 데이터를 가져옵니다.

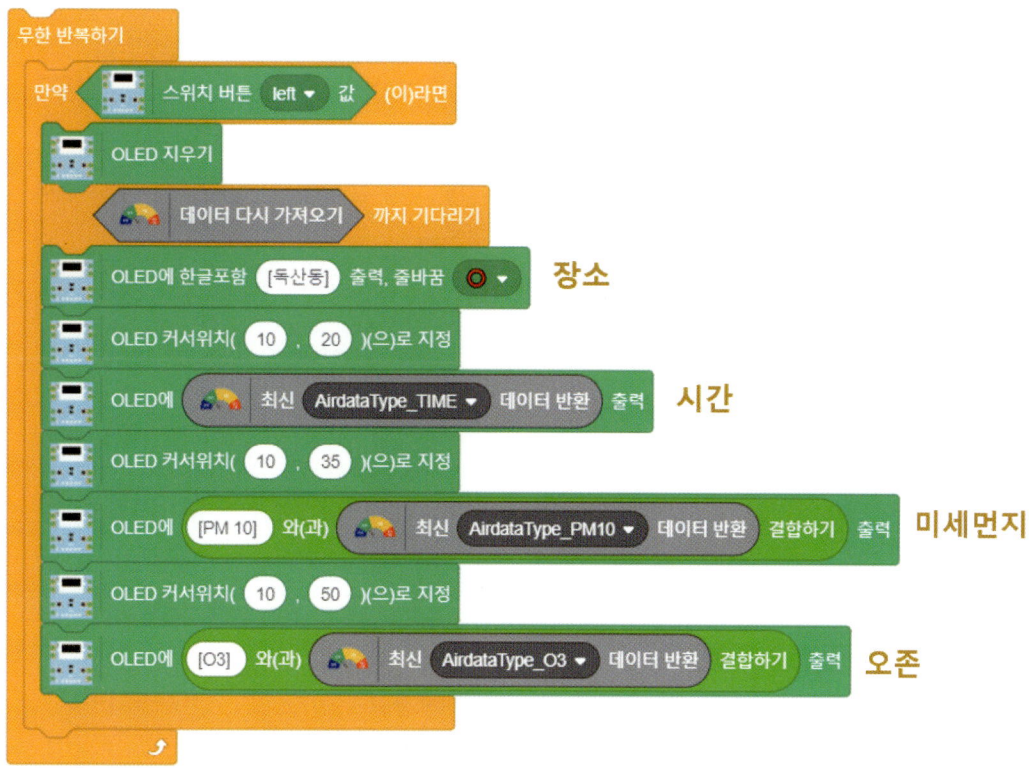

OLED에 측정 **[장소]**와 최근 측정된 **[시간, 미세먼지(PM10), 오존(O3)]** 값을 출력합니다.

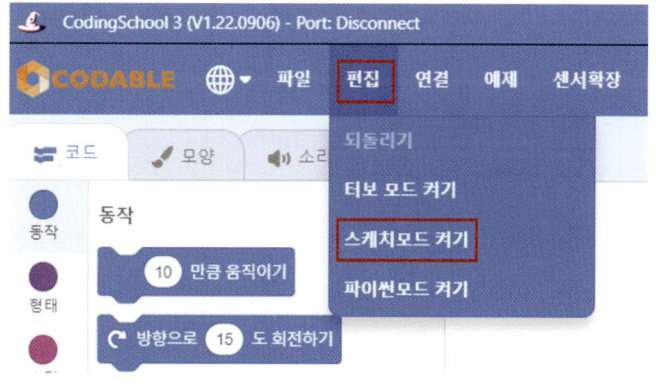

1-3 스케치모드 켜고, 업로드하기

코드위즈 연결이 안되어 있으면 메뉴 표시줄의 **[연결]**에서 **[코드위즈 연결]**을 먼저 합니다.
다음으로 **[편집]**의 **[스케치모드 켜기]**를 선택합니다.
[업로드]를 누르고 완료되면 프로그램을 실행합니다.

10장 날씨알리미

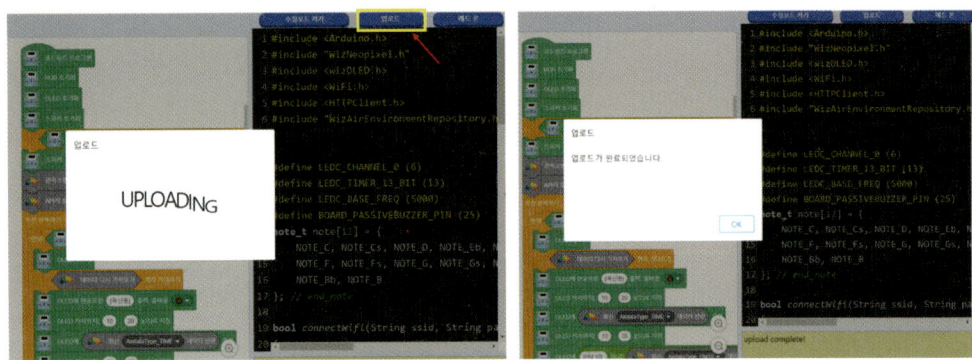

6 센서 확장하기 (응용)

충돌센서를 누를 때 측정값에 따라 RGB LED를 제어하기 위해 [센서확장]으로 [감지센서]의 [버튼]
을 불러옵니다.

1) 충돌센서 추가하기

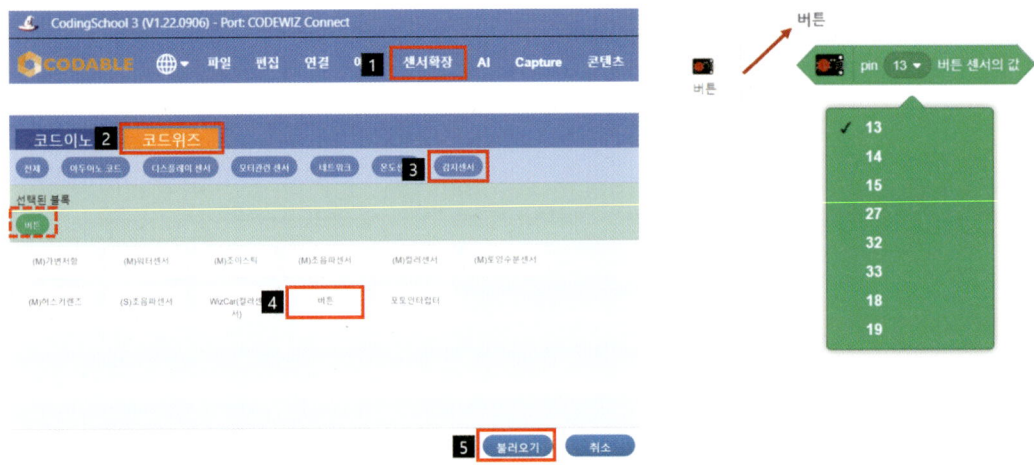

메뉴 표시줄의 [센서확장]에서 코드위즈 [감지센서] 중 [버튼]을 불러옵니다. 블록 팔레트에 [버튼]이 추가된 것을 확인할 수 있습니다.

[버튼]의 센서의 값을 받기 위해 회로도에 연결한 핀 번호 27을 선택하고 [만약 ~ (이)라면] 조건 블록에 연결합니다.

 응용하기

1) 공공데이터포털의 최신 데이터 반환 값을 정수형으로 변환

메뉴 표시줄 [센서확장]에서 코드위즈의 [아두이노 코드] [변수 선언]을 불러옵니다.

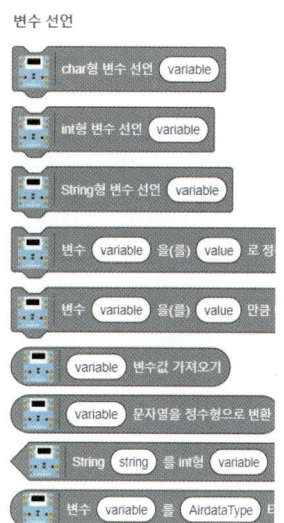

2) 미세먼지(PM10)의 농도 범위 설정하기

● 좋음 (0 ~ 30)   ● 보통 (31 ~ 80)   ● 나쁨 (81 ~ 150)   ● 매우 나쁨 (151 ~)

공공데이터포털의 최신 미세먼지(PM10)의 데이터를 정수형으로 변환할 수 있도록 변수 선언 **[~ 문자열을 정수형으로 변환]** 블록을 이용하고, 미세먼지 농도 범위를 설정하여 **[만약 ~(이)라면]** 조건 블록에 연결합니다. 조건에 맞으면 RGB LED를 각각 범위에 맞게 색상을 정하고 1초 기다린 후 RGB LED를 모두 끕니다.

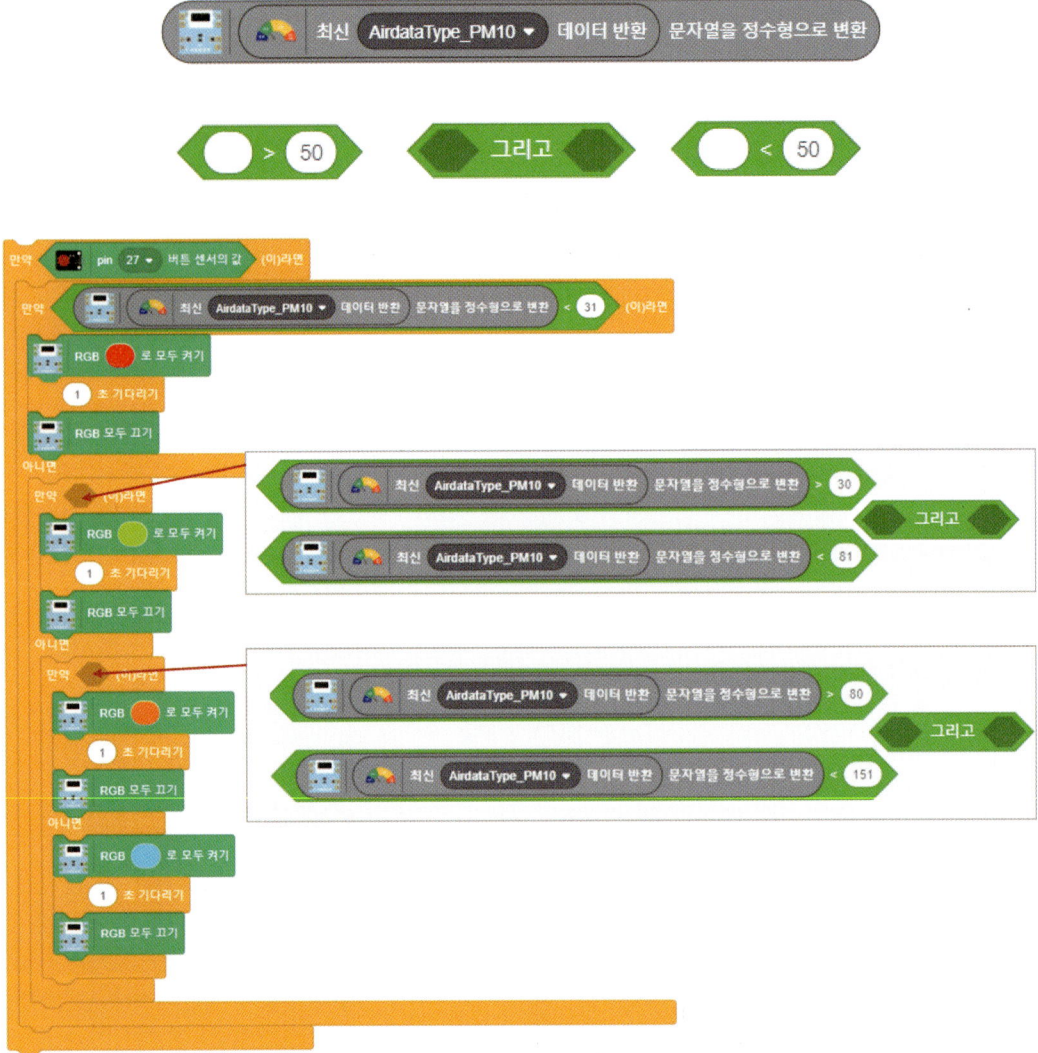

8 전체 알고리즘 정리하기

1) 기본코드 알고리즘

```
코드위즈 프로그램
OLED 초기화
스피커 초기화
와이파이 접속 ssid ******** pwd ******** 까지 기다리기
스피커 C음 4옥타브를 4분음표로 연주하기
관측소명 설정: 시흥대로
API키 설정: ****************************************

무한 반복하기
    만약 스위치 버튼 left 값 (이)라면
        OLED 지우기
        데이터 다시 가져오기 까지 기다리기
        OLED에 한글포함 [독산동] 출력, 줄바꿈 ●
        OLED 커서위치( 10 , 20 )(으)로 지정
        OLED에 최신 AirdataType_TIME 데이터 반환 출력
        OLED 커서위치( 10 , 35 )(으)로 지정
        OLED에 [PM 10] 와(과) 최신 AirdataType_PM10 데이터 반환 결합하기 출력
        OLED 커서위치( 10 , 50 )(으)로 지정
        OLED에 [O3] 와(과) 최신 AirdataType_O3 데이터 반환 결합하기 출력
```

2) 응용코드 알고리즘

- 코드위즈 프로그램
- RGB 초기화
- OLED 초기화
- 스피커 초기화
- 와이파이 접속 ssid ******** pwd ******** 까지 기다리기
- 스피커 C ▼ 음 4 ▼ 옥타브를 4 ▼ 분음표로 연주하기
- 관측소명 설정: [시흥대로]
- API키 설정: [────────────────────]
- 무한 반복하기
  - 만약 스위치 버튼 left ▼ 값 (이)라면
    - OLED 지우기
    - 데이터 다시 가져오기 까지 기다리기
    - OLED에 한글포함 [독산동] 출력, 줄바꿈 ◉ ▼
    - OLED 커서위치(10 , 20)(으)로 지정
    - OLED에 최신 AirdataType_TIME ▼ 데이터 반환 출력
    - OLED 커서위치(10 , 35)(으)로 지정
    - OLED에 [PM 10] 와(과) 최신 AirdataType_PM10 ▼ 데이터 반환 결합하기 출력

이곳에 다음의 코드가 들어갈 수 있게 해 주세요.

만약 pin 27 버튼 센서의 값 (이)라면
만약 최신 AirdataType_PM10 데이터 반환 문자열을 정수형으로 변환 < 31 (이)라면
RGB 로 모두 켜기
1 초 기다리기
RGB 모두 끄기
아니면
만약 최신 AirdataType_PM10 데이터 반환 문자열을 정수형으로 변환 > 30 그리고 최신 AirdataType_PM10 데이터 반환 문자열을 정수형으로 변환 < 81 (이)라면
RGB 로 모두 켜기
1 초 기다리기
RGB 모두 끄기
아니면
만약 최신 AirdataType_PM10 데이터 반환 문자열을 정수형으로 변환 > 80 그리고 최신 AirdataType_PM10 데이터 반환 문자열을 정수형으로 변환 < 151 (이)라면
RGB 로 모두 켜기
1 초 기다리기
RGB 모두 끄기
아니면
RGB 로 모두 켜기
1 초 기다리기
RGB 모두 끄기

11장

무궁화 꽃이 피었습니다

11 무궁화 꽃이 피었습니다

1 프로젝트 준비

학습 목표	서보모터의 원리를 이해하고 서보모터의 각도를 제어할 수 있다.
프리뷰	서보모터 각도 조정, OLED 출력, RGB LED 켜기
핵심키워드	코드위즈, 서보모터, OLED, RGB LED
학습 시간	1시간
학습 난이도	하

2 준비물 알아보기

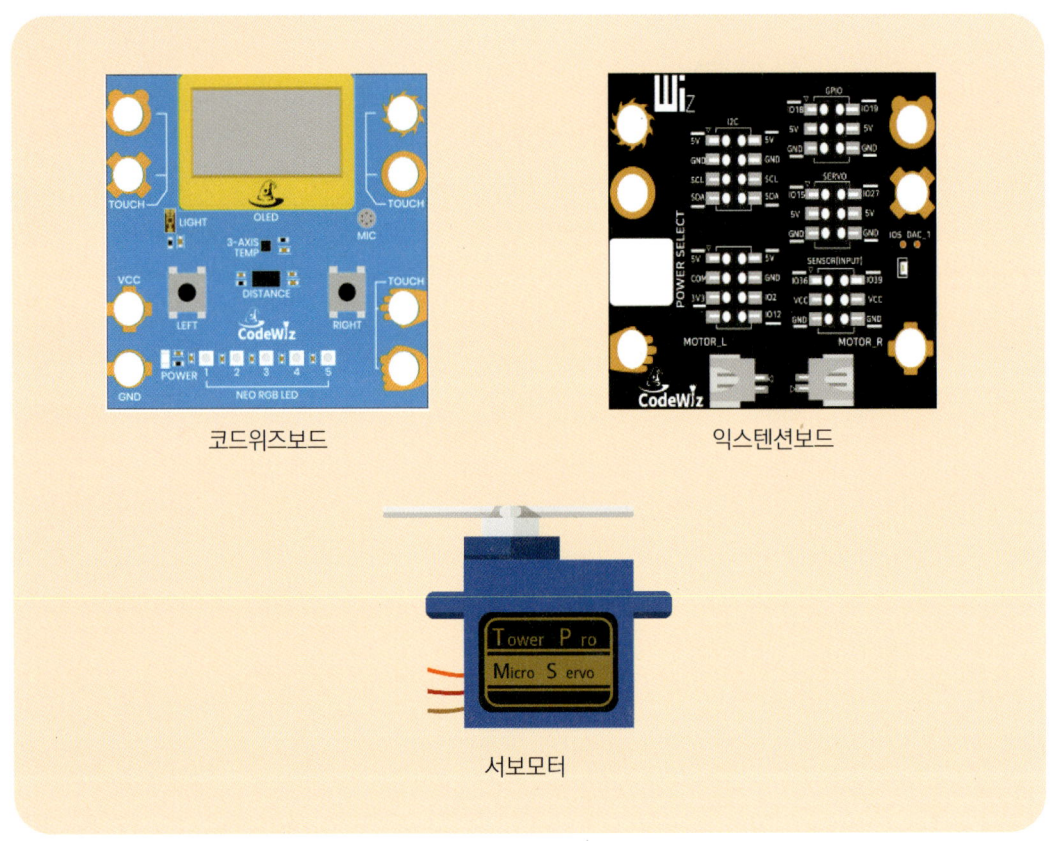

코드위즈보드   익스텐션보드

서보모터

3 센서 알아보기

1) 서보모터

서보모터는 회전 각도를 정해서 축의 위치와 속도를 제어하며 정확하게 구동할 수 있습니다. 보통은 0 ~ 180도 사이 원하는 각도로 축을 돌릴 수 있는데, 일부는 360도 회전할 수도 있습니다. 서보모터는 3개의 연결선을 가지고 있습니다. 책에서 사용한 서보모터 선의 색은 주황, 빨강, 갈색으로 주황은 신호선, 빨강은 전원, 갈색은 그라운드에 연결하는 선입니다.

서보모터는 주로 자동화 생산 제어 시스템, 로봇 팔, 로봇, 장난감, 가전 제품 등 각도로 제어할 수 있는 부분에 사용됩니다.

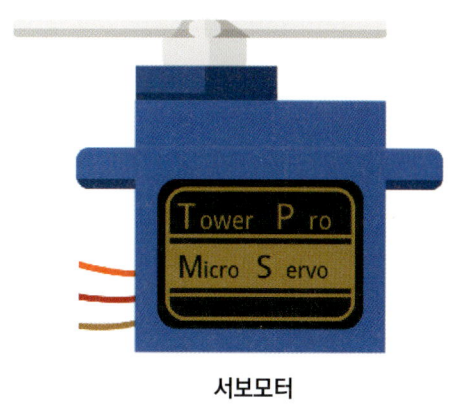

서보모터

4 회로도 알아보기

서보모터의 회전각을 랜덤으로 작동하기 위해 익스텐션 보드의 IO15번 핀에 서보모터를 연결합니다.

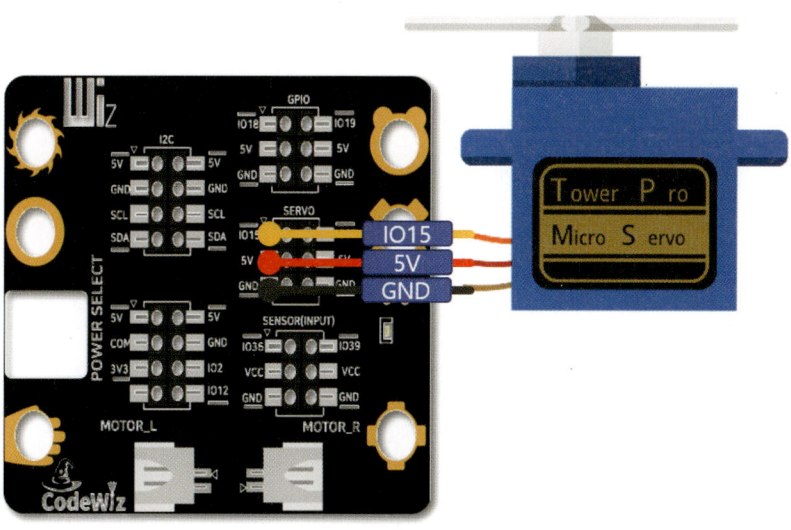

회로도

5 코딩스쿨로 코딩하기 (기본)

1) 연결하기

[코딩스쿨] 프로그램을 실행하고 코드위즈 보드와 컴퓨터를 USB케이블로 연결 후 코딩스쿨 3.0 프로그램에서 연결메뉴에서 [코드위즈 연결]을 선택한 후 [포트 연결] 창이 뜨면 [OK]를 클릭합니다.

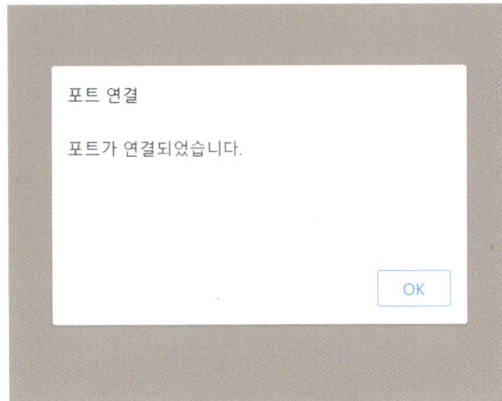

코드위즈의 블록이 생성된 것을 확인합니다.

2) 스위치 버튼으로 서보모터 제어하기

서보모터를 사용하기 위해서는 코딩스쿨 3.0의 상단 메뉴에서 [센서확장]를 클릭합니다. [코드위즈]의 [모터관련센서]를 클릭하고 [(M)서보모터]를 선택하여 불러옵니다.

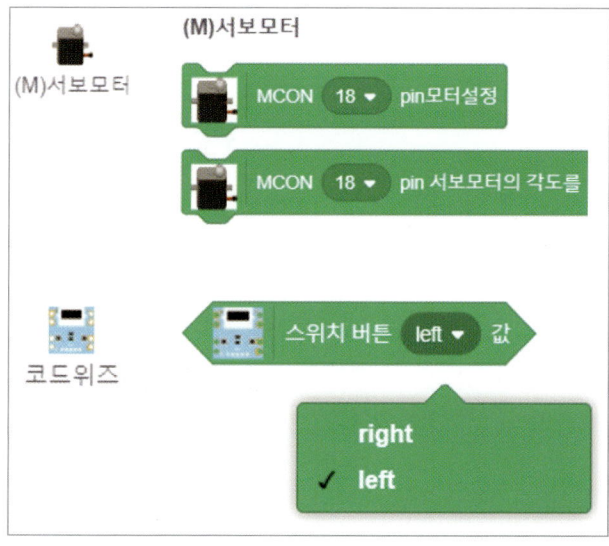

블록 팔레트에 (M)서보모터 블록이 생성되었습니다.
코드위즈의 [스위치 버튼]의 left, right 값을 이용하여 서보모터의 각도를 제어합니다.
[MCON 18 pin]은 회로도에 연결한 IO15핀으로 변경합니다.

[깃발을 클릭했을 때] (M)서보모터를 움직일 수 있도록 **[MCON 15pin 모터설정]** 블록을 연결하고 서보모터의 각도는 0으로 바꿉니다.

스위치 버튼을 누를 때 마다 계속해서 서보모터의 각도를 제어하기 위해 **[제어]** 카테고리의 **[무한 반복하기]** 블록을 연결합니다.

[만약 ~ (이)라면] 조건 블록에 **[스위치 버튼 left 값]**이면 서보모터 각도를 90으로 바꾸고, **[스위치 버튼 right 값]**이면 서보모터 각도를 180으로 바꿀수 있도록 **[MCON 15pin 서보모터의 각도를 ~(0~180]으로 바꾸기]** 블록을 연결합니다.

스위치 버튼 left일 때

스위치 버튼 left일 때

3) 코딩 따라하기

1-1 서보모터 설정하기

'무궁화 꽃이 피었습니다'의 술래의 목이 회전할 수 있게 서보모터를 사용합니다.

[클릭했을 때] 서보모터가 신호를 받을 수 있도록 **[MCON 15pin 모터설정]**, **[MCON 15pin 서보모터의 각도를 0(0~180)으로 바꾸기]** 블록을 차례로 연결합니다.

1-2 변수 만들기

술래가 돌아보는 횟수를 확인하고, 술래를 터치하고 돌아오면 살 수 있게 하기 위해 **[횟수]**와 **[터치]** 변수를 만듭니다.

[횟수를 0로 정하기], **[터치를 0로 정하기]** 블록을 연결합니다.

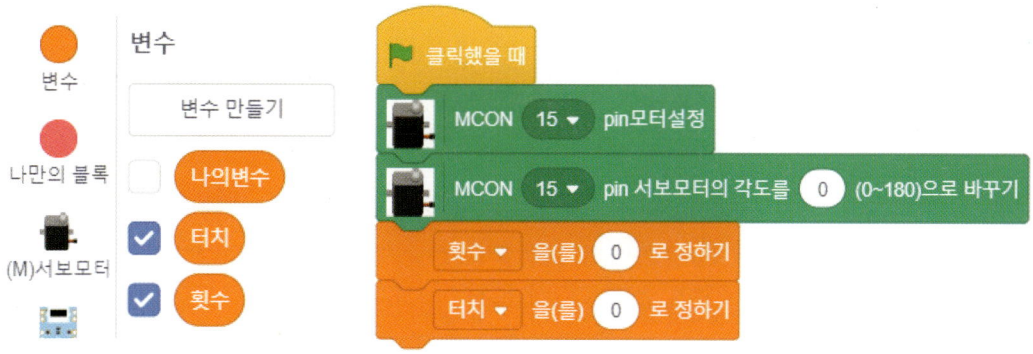

1-3 서보모터의 각도 바꾸기

술래 목의 회전각도를 일정하게 반복하지 않고 랜덤 값을 가질 수 있도록 [연산] 블록의 [~부터 ~사이의 난수] 블록을 이용합니다.
회전각은 [80부터 130사이의 난수]로 바꾸고, 회전한 수를 확인할 수 있게 [횟수를 1만큼 바꾸기] 블록을 연결합니다.

1-4 OLED 추가하기

OLED화면에 '무궁화 꽃이 피었습니다'를 출력하기 위해서 먼저 [클릭했을 때] OLED 초기화 합니다.

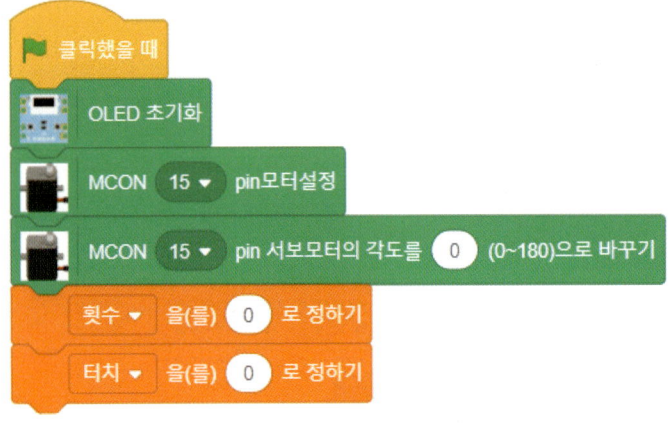

'무궁화 꽃이 피었습니다'를 출력하기 위해 [OLED에 한글포함 ~출력, 줄바꿈] 블록을 연결하고, 서보모터가 회전할 때마다 OLED화면에 출력하기위해 [OLED 지우기] 블록을 먼저 실행할 수 있도록 앞에 연결합니다.

6 센서 확장하기 (응용)

1) RGB LED 추가하기

술래가 돌아보는 횟수를 제한해 몇 번 이상 정해진 횟수를 넘으면 잡혀 술래가 되거나 안 잡힌 경우인 것을 알 수 있게 RGB LED를 색깔별로 모두 켤 수 있도록 합니다.

RGB LED를 사용하기 위해서는 먼저 RGB 초기화 블록을 **[클릭했을 때]** 실행될 수 있도록 연결합니다.

2) 조건 추가하기

RGB LED의 색깔을 바꾸기 위해 서보모터의 회전수를 제한하여 조건이 참인 경우와 아니면 경우를 실행할 수 있도록 합니다.

[만약 ~ (이)라면, ~아니면] 조건 블록에 **[횟수 > 3]**인 비교연산 블록을 연결합니다.

조건이 참이면 **[술래]** 신호를 보내고, 아니면 **[술래아님]** 신호를 보냅니다. 회전하는 횟수가 1만큼 바뀔 때 실행하는 것을 계속 할 수 있게 **[횟수를 1만큼 바꾸기]** 블록 다음에 연결합니다.

3) 신호 보내기

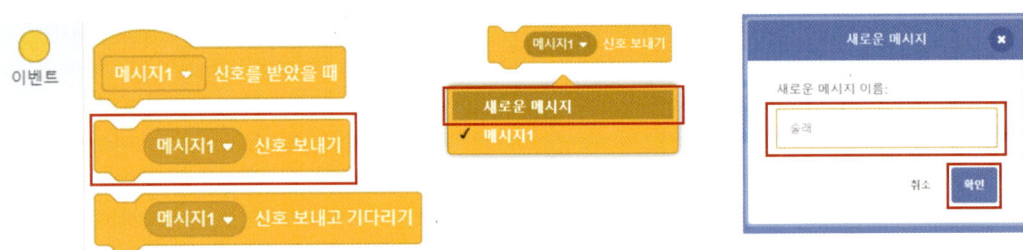

메시지를 전달하기 위해 **[이벤트]** 카테고리의 **[메시지 신호 보내기]**를 클릭 후 **[새로운 메시지]** 이름을 **[술래]**, **[술래아님]**을 적고 확인을 누릅니다.

새로운 메시지를 만들면 신호를 보낼 수 있는 블록이 생성됩니다.

서보모터의 회전수를 정한 조건 블록에서 보낸 신호를 받으면 **[신호를 받았을 때]** 블록을 이용하여 조건에 맞게 실행할 수 있도록 합니다.

1-1 술래 신호를 받았을 때

OLED 화면에 '너는 술래'를 출력하고, RGB LED가 모두 빨간색으로 켜지게 합니다.
OLED의 이전 화면을 지우기 위해 **[OLED 지우기]**를 하고, **[OLED에 한글포함 ~출력, 줄바꿈]** 블록에 '너는 술래'를 입력합니다.

LED를 모두 빨간색으로 켜기 위해 **[RGB 빨간색으로 모두 켜기]** 블록을 연결합니다.

1-2 술래아님 신호를 받았을 때

서보모터의 회전수가 3이 되기 전 **[스위치 버튼 left]**을 눌러 **[터치]**가 1이면, OLED 화면에 '살았다'를 출력하고, RGB LED를 모두 파란색으로 켜고 1초 기다린 후에 **[모두 멈추기]** 블록을 연결합니다. **[스위치 버튼]**이 눌러지지 않았으면 **[터치]**를 0으로 정하고 OLED 화면에 '아직 안 걸렸네'를 출력하고 RGB LED는 모두 연두색으로 켜고 1초 기다린 후 **[MCON 15pin 서보모터의 각도를 0으로 바꾸기]** 합니다.

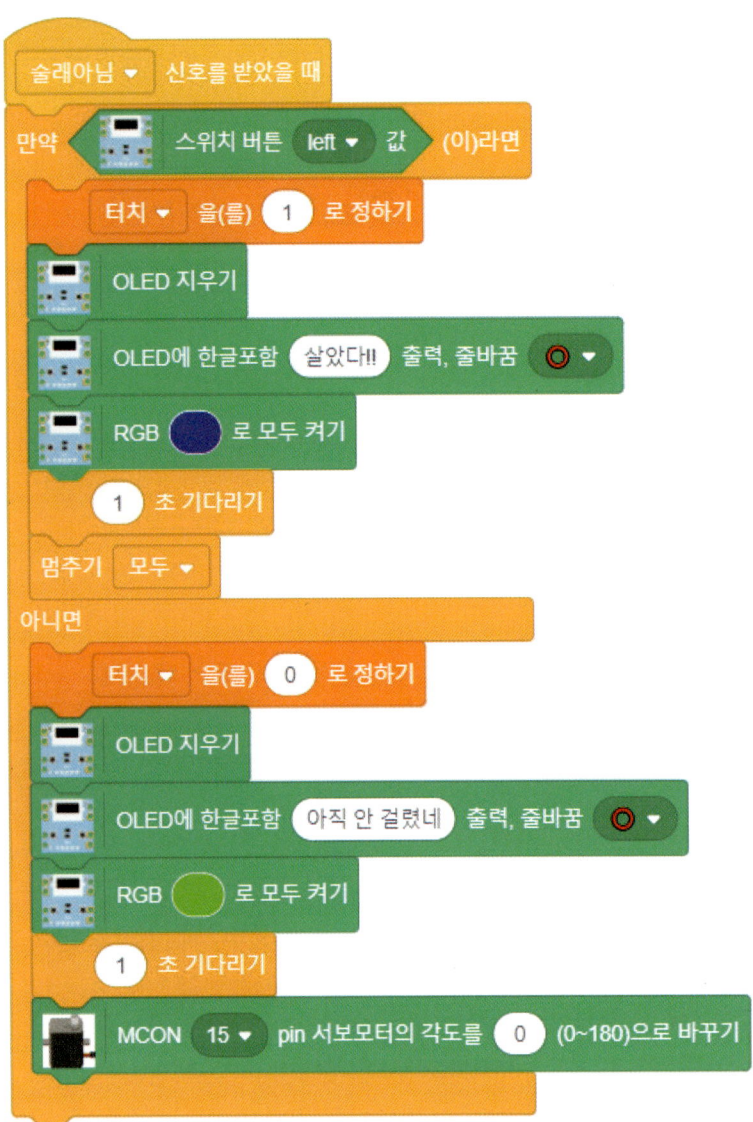

7 응용하기

1) 변수를 이용해 서보모터 회전각 확인하기

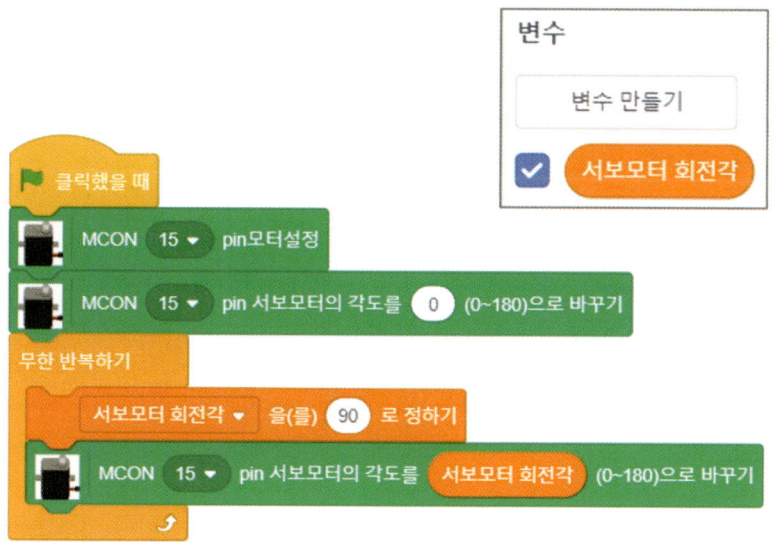

서보모터의 회전각도을 변수를 만들어 확인할 수 있도록 하겠습니다.

먼저 **[서보모터 회전각]** 변수를 만듭니다.

[깃발을 클릭했을 때] (M)서보모터를 움직일 수 있도록 **[MCON 15pin 모터설정]** 블록을 연결하고 서보모터의 각도는 0으로 설정합니다. 계속해서 서보모터의 회전각을 측정하기 위해 **[제어]** 카테고리의 **[무한 반복하기]** 블록을 연결합니다.

변수 **[서보모터 회전각을 90로 정하기]** 블록을 연결하고 **[MCON 15pin 서보모터의 각도를 (0~180)으로 바꾸기]** 블록에 **[서보모터 회전각]** 변수를 넣어 회전각을 확인합니다.

서보모터 각도를 180도, 0도로 정하는 블록을 더 연결하여 회전각을 확인합니다. 반복하는 블록 사이에는 **[1초 기다리기]** 블록을 연결해 서보모터가 회전하는 각도를 확인해 보세요.

8 전체 알고리즘 정리하기

1) 기본코드 알고리즘

2) 응용코드 알고리즘

- 🏁 클릭했을 때
  - RGB 초기화
  - OLED 초기화
  - MCON 15 pin 모터설정
  - MCON 15 pin 서보모터의 각도를 0 (0~180)으로 바꾸기
  - 횟수 을(를) 0 로 정하기
  - 터치 을(를) 0 로 정하기
  - 무한 반복하기
    - 0.2 부터 3 사이의 난수 초 기다리기
    - OLED 지우기
    - OLED에 한글포함 무궁화 꽃이 피었습니다 출력, 줄바꿈 ◉
    - 회전각 을(를) 80 부터 130 사이의 난수 로 정하기
    - MCON 15 pin 서보모터의 각도를 회전각 (0~180)으로 바꾸기
    - 횟수 을(를) 1 만큼 바꾸기
    - 만약 횟수 > 3 (이)라면
      - 술래 신호 보내기
    - 아니면
      - 술래아님 신호 보내기
    - 1 초 기다리기

12장

AI_나를 깨워 줘

12 AI_나를 깨워 줘

❶ 프로젝트 준비

학습 목표	AI 자세인식의 원리를 이해하고 충돌센서와 DC모터 프로펠러 활용을 익힐 수 있다.
프리뷰	신체부위 X, Y좌표 값 측정, 충돌센서 켜고 끄기, DC모터 프로펠러 움직이기
핵심키워드	코드위즈 AI 자세인식, 충돌센서, DC모터 프로펠러
학습 시간	1시간
학습 난이도	중

❷ 준비물 알아보기

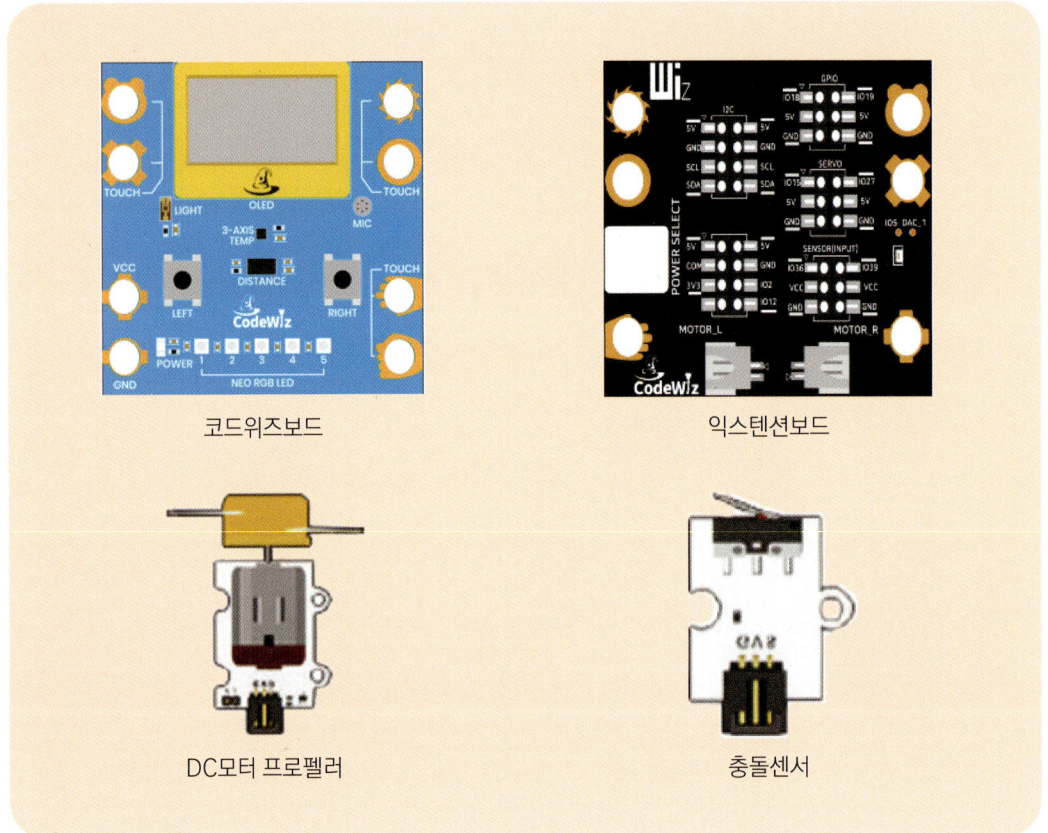

코드위즈보드   익스텐션보드

DC모터 프로펠러   충돌센서

3 기능 알아보기

1) AI : 자세인식 켜기

인공지능 자세인식을 활용하여 우리 몸의 부위별 X, Y좌표값을 이용해 몸의 기울기 정도를 파악하여 자세 변화를 측정할 수 있습니다.

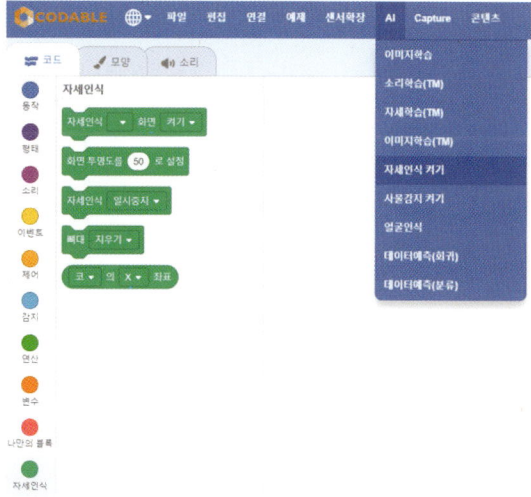

2) AI : 자세인식 블록 알아보기

카메라 설정	자세인식 ▼ 화면 켜기 ▼ ATIV VGA CAMERA (00ca:5803) 자세인식 ▼ 화면 켜기 ▼ ✓ 켜기 끄기
카메라 화면 투명도 설정(0~100)	화면 투명도를 50 로 설정

자세 인식 실행/일시중지	
자세 인식된 점과 점 사이 선 그리기/지우기	
자세 인식 부위별 X, y좌표 설정	

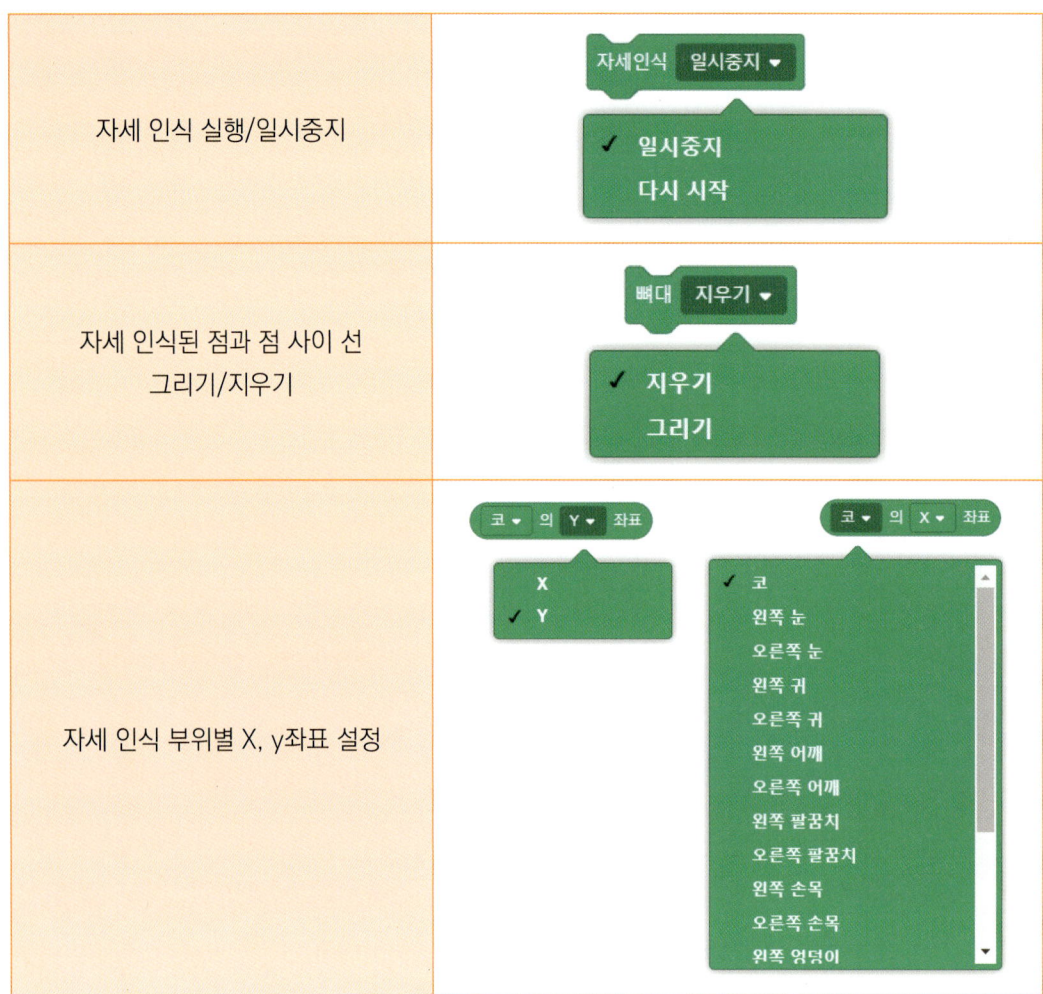

4 회로도 알아보기

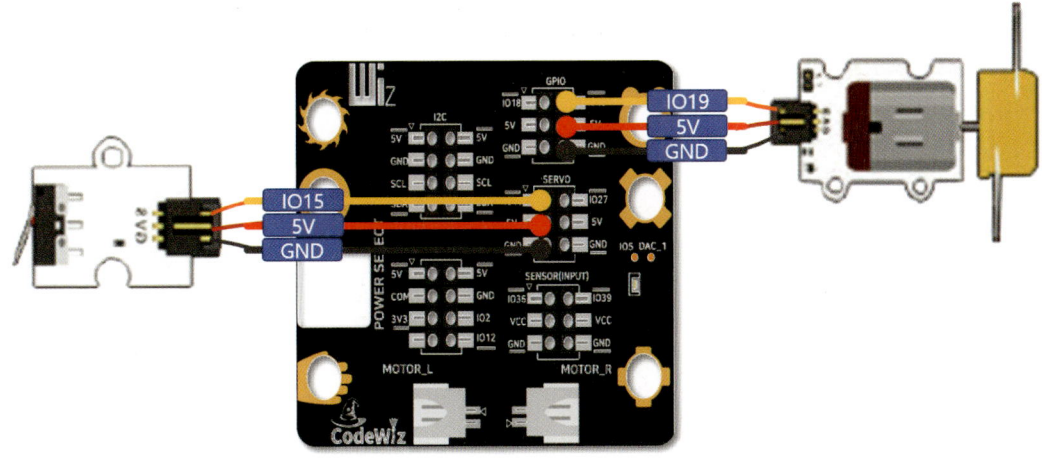

회로도

충돌센서가 눌렸을 때 신체 부위 중 코의 좌표값을 정하고 위치의 변화에 따라 모터가 회전하거나 멈추는 회로를 연결해 보겠습니다.

5 코딩스쿨 코딩하기(기본)

1) 연결하기

[코딩스쿨] 프로그램을 실행하고 코드위즈 보드와 컴퓨터를 USB케이블로 연결 후 코딩스쿨 3.0 프로그램에서 연결메뉴에서 [코드위즈 연결]을 선택한 후 [포트 연결] 창이 뜨면 [OK]를 클릭합니다.

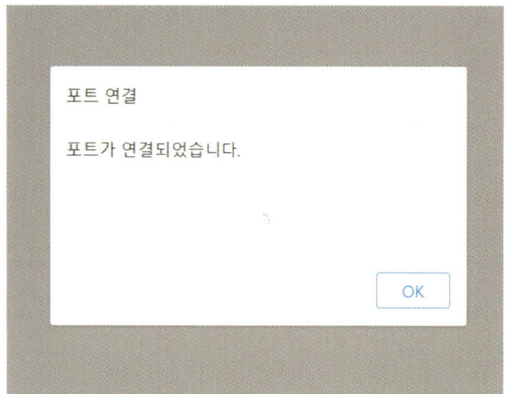

코드위즈의 블록이 생성된 것을 확인합니다.

2) [기준값/자세변화] 변수 만들기

자세변화를 알 수 있게 기준값을 정하고, 좌표의 위치 변화에 따라 자세 변화를 알 수 있게 변수를 만듭니다.

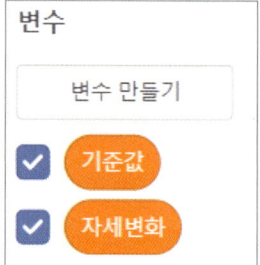

3) 코딩 따라하기

1-1 스프라이트 숨기기

AI 자세인식 기능을 사용하기 위해 무대 화면에서 모자 스프라이트를 숨깁니다.

1-2 변수 만들기

졸음이 오면 몸이 움직이면서 기준이 되는 부위를 정하면 위치가 변화면서 값을 측정할 수 있습니다.

자세의 변화를 측정하기 위해 기준이 되는 값과 움직임의 변화를 알 수 있게 자세변화 변수를 만듭니다.

1-3 자세인식 켜기

졸음이 올 때 자세의 변화를 감지할 수 있도록 코드위즈의 AI 자세인식 기능을 불러옵니다.

1-4 자세인식 설정하기

클릭했을 때 자세인식을 감지할 수 있도록 [자세인식(카메라) 화면 켜기]를 연결합니다.

[화면의 투명도 50로 설정]합니다. 투명도는 0~100 사이의 숫자로 설정할 수 있으며 100으로 갈수록 점점 투명하게 되어 뚜렷한 화면을 볼 수 있습니다.

1-5 기준 값 정하기

졸음이 오면 얼굴의 눈, 코, 입 등의 좌표 위치가 변합니다. 얼굴의 중심인 '코'를 이용하여 기준 좌표로 정하겠습니다. 변수 블록 **[기준값을(를) ~ 로 정하기 블록]**을 연결하고, 자세인식 블록의 신체 부위별 좌표를 설정할 수 있는 블록을 가져와 변수 블록에 연결합니다.

[연산블록]

실수에서 (+)(-)부호를 뺀 값. Ex. |7| = 7	절댓값 ▼ ( )
왼쪽 값에서 오른쪽 값을 빼기	◯ - ◯
왼쪽 값이 오른쪽 값보다 크면 결과는 참, 그렇지 않으면 거짓임을 비교	◯ > 50

1-6 조건 만들기

코의 좌표 높이에 따라 자세변화를 측정하기 때문에 '코의 Y좌표' 기준값에서 현재 '코의 Y좌표' 값을 뺀 것이 30보다 크다는 조건을 만듭니다.

높이의 변화에서 아래로 계속 내려가면 숫자로 음수가 나옵니다. 위/아래의 높이 변화이지만 그 차이는 거리로 계산해야 하기 때문에 절대값을 사용해서 항상 양수가 나오게 합니다.

1-7 조건에 맞은 동작 만들기

[만약 ~(이)라면] 조건 블록에 **[코의 Y의 좌표 값이 30보다 클 경우]** 졸음으로 끄덕이는 얼굴의 기준 좌표를 감지해서 **[자세변화를 1만큼 바꾸기]** 변수 블록으로 측정할 수 있게 합니다.

1-8 네오픽셀/스피커 사용하기

자세변화가 감지되면 알리는 방법으로 코드위즈의 네오픽셀과 스피커를 사용합니다.
이를 사용하기 위해 **[RGB 초기화]**, **[스피커 초기화]** 블록을 가져와 연결합니다.

조건이 참이면 네오픽셀은 모두 빨간색으로 켜고, 스피커로 음을 연주합니다.

만약 조건이 거짓이면 네오픽셀을 모두 끕니다.

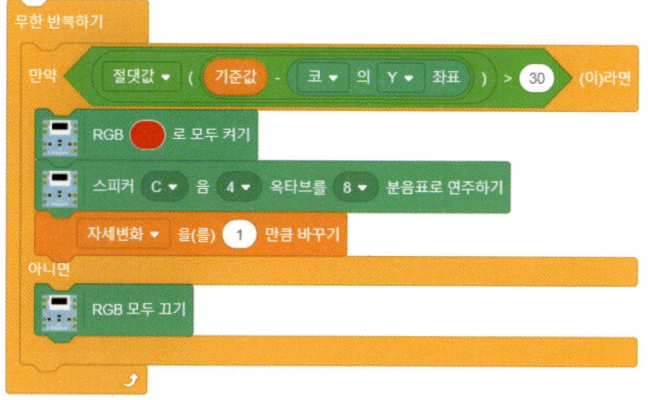

6 센서 확장하기(응용)

1) 충돌센서 추가하기

1-1 센서 불러오기

메뉴 표시줄에서 [센서확장]에서 코드위즈 감지센서 중 [버튼]을 불러옵니다.

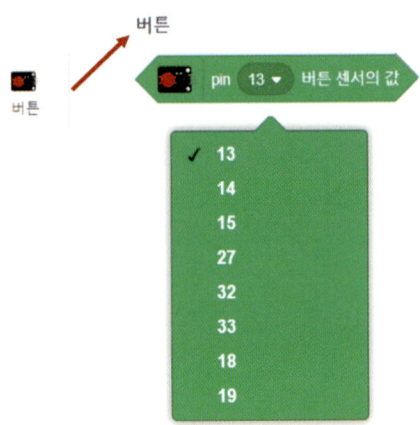

블럭 팔레트 카테고리에 [버튼]이 생성된 것을 확인할 수 있습니다. [버튼] 카테고리를 클릭하면 버튼 센서의 값을 입력할 수 있는 핀 블록을 확인할 수 있습니다.

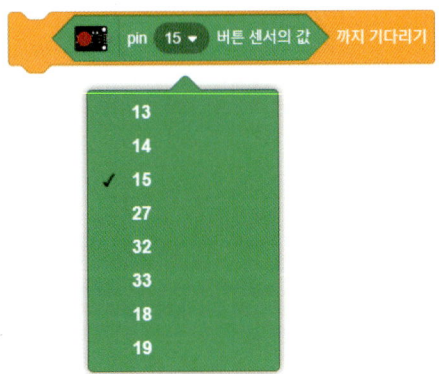

1-2 충돌센서 핀 설정하기

[충돌센서]의 스위치는 버튼과 같은 방식으로 눌렸을 때 1의 값을 갖습니다. 같은 원리로 작동하는 코드위즈 감지센서의 [버튼] 블록을 가져와서 충돌센서의 핀을 설정합니다.
회로도에서 IO15에 연결하였으므로 버튼 핀 번호를 15번으로 변경해 줍니다.

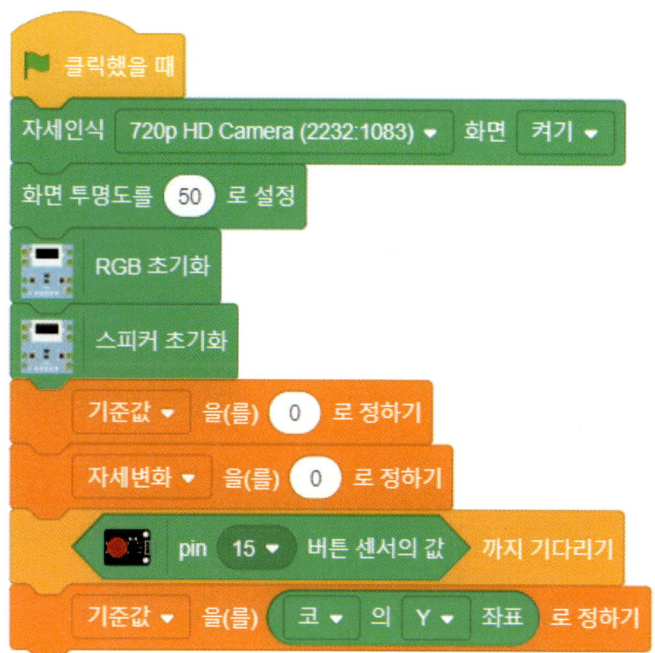

[충돌센서가 눌려졌을 때까지 기다리기] 블록이 실행하면 코의 기준 좌표를 정합니다.

[충돌센서]가 눌려져 있는 동안 자세인식을 시작하고, 자세변화를 감지합니다.

2) DC모터 프로펠러 추가하기

1-1 센서 불러오기

외부 입력 [버튼] 불러오기와 같은 방법으로 센서 확장의 [모터관련 센서]에서 [(M)프로펠러]를 불러옵니다.

1-2 DC모터 프러펠러 사용하기

클릭했을 때 [MCON 프로펠러 19에 사용하기] 블록을 연결합니다.
회로도에서 IO19에 연결하였으므로 버튼 핀 번호를 19번으로 변경해 줍니다.

코의 Y의 좌표 값이 30보다 큰 조건이 참이면 프로펠러를 회전할 수 있게 [MCON 프로펠러 19에 100만큼 내보내기(1~1023)]로 블록을 연결합니다.

잠이 깨지 않아 자세변화가 계속 변할 경우 더 강한 바람을 보냅니다.
만약 [자세변화 > 5]이면
[MCON 프로펠러 19에 500만큼 내보내기(1~1023)] 한 후 3초 기다렸다 [MCON 프로펠러 19에 0만큼 내보내기(1~1023)]로 (M) 프로펠러를 멈춥니다.

7 응용하기

1) 10초 안에 자세변화 없다면 칭찬 신호 보내기

[클릭했을 때] 타이머 값을 0으로 초기화하기 위해 [타이머 초기화] 블록을 연결합니다.

[타이머]를 이용해 10초 동안 [자세변화 = 0]이라면 [칭찬합니다] 신호를 보냅니다.

📌 논리연산자 AND/OR
AND(그리고) : 조건이 모두 참인 경우
OR(또는) : 조건이 하나라도 참인 경우

2) 텍스트 음성변환(TTS) 인공지능 블록을 사용하여 칭찬 메시지 보내기

블록 팔레트의 아래 **[확장기능]**을 클릭 후 텍스트 음성변환(TTS) 기능을 선택합니다. 입력한 텍스트를 음성으로 출력합니다.

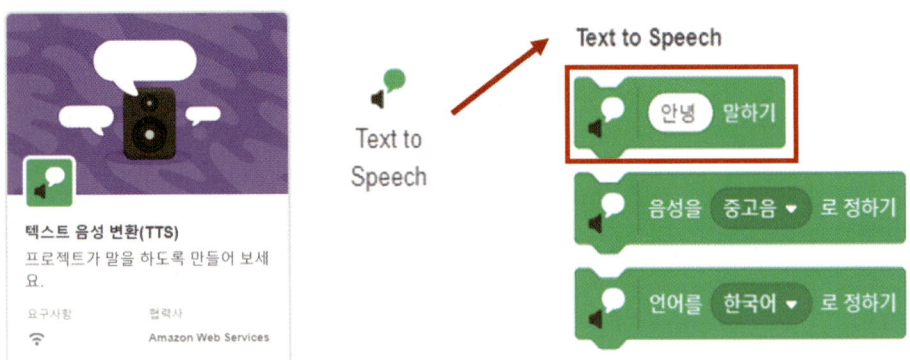

Heart Face 스프라이트를 추가합니다.

[칭찬합니다] 신호를 받으면 네오픽셀을 모두 켜고, **[스페이스]**키를 누르면 스프라이트가 멈춥니다.

응용 코드는 전체 코드 알고리즘에 있습니다.

8) 전체 코드 알고리즘

1) 기본코드 알고리즘

```
▶ 클릭했을 때
자세인식 [720p HD Camera (2232:1083)▼] 화면 [켜기▼]
화면 투명도를 (50) 로 설정
RGB 초기화
스피커 초기화
MCON 프로롤러 [19▼] 에 사용하기
기준값▼ 을(를) (0) 로 정하기
자세변화▼ 을(를) (0) 로 정하기
pin [15▼] 버튼 센서의 값 까지 기다리기
기준값▼ 을(를) (코▼)의 (Y▼) 좌표 로 정하기
(1) 초 기다리기
무한 반복하기
  만약 절댓값▼ ( 기준값 - (코▼)의 (Y▼) 좌표 ) > (30) (이)라면
    MCON 프로롤러 [19▼] 에 (100) 내보내기(0~1023)
    RGB (●) 로 모두 켜기
    스피커 (C▼) 음 (4▼) 옥타브를 (8▼) 분음표로 연주하기
    자세변화▼ 을(를) (1) 만큼 바꾸기
    만약 자세변화 > (5) (이)라면
      MCON 프로롤러 [19▼] 에 (500) 내보내기(0~1023)
      (3) 초 기다리기
      MCON 프로롤러 [19▼] 에 (0) 내보내기(0~1023)
  아니면
    RGB 모두 끄기
```

12장 AI_나를 깨워 줘 **219**

2) 응용 코드 알고리즘

```
▶ 클릭했을 때
자세인식 ATIV VGA CAMERA (00ca:5803) ▼ 화면 켜기 ▼
화면 투명도를 50 로 설정
RGB 초기화
스피커 초기화
MCON 프로펠러 19 ▼ 에 사용하기
기준값 ▼ 을(를) 0 로 정하기
자세변화 ▼ 을(를) 0 로 정하기
pin 15 ▼ 버튼 센서의 값 까지 기다리기
기준값 ▼ 을(를) 코 ▼ 의 Y ▼ 좌표 로 정하기
1 초 기다리기
타이머 초기화
무한 반복하기
    만약 절댓값 ▼ ( 기준값 - 코 ▼ 의 Y ▼ 좌표 ) > 30 (이)라면
        MCON 프로펠러 19 ▼ 에 100 내보내기(0~1023)
        RGB ● 로 모두 켜기
        스피커 C ▼ 음 4 ▼ 옥타브를 8 ▼ 분음표로 연주하기
        자세변화 ▼ 을(를) 1 만큼 바꾸기
        만약 자세변화 > 5 (이)라면
            MCON 프로펠러 19 ▼ 에 500 내보내기(0~1023)
            3 초 기다리기
            MCON 프로펠러 19 ▼ 에 0 내보내기(0~1023)
    아니면
        RGB 모두 끄기
    만약 타이머 > 10 그리고 자세변화 = 0 (이)라면
        칭찬합니다 ▼ 신호 보내기
        멈추기 이 스크립트 ▼
```

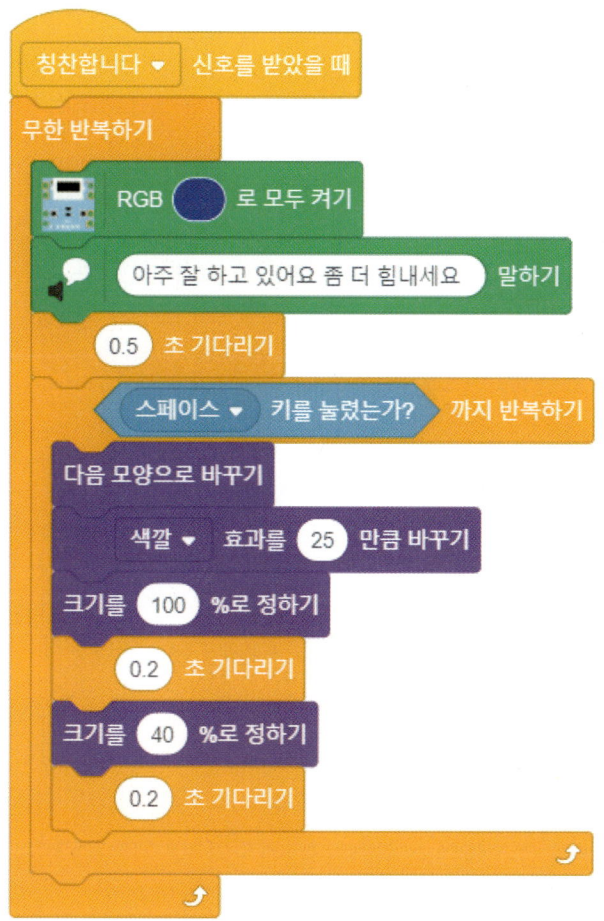

13장

AI_날 따라해 봐

13 AI_날 따라해 봐

1 프로젝트 준비

학습 목표	AI 자세인식의 원리를 이해하고 블루 LED를 사용할 수 있다.
프리뷰	신체부위 X, Y좌표 값 측정, 블루 LED 깜빡이기
핵심키워드	코드위즈 AI 자세인식, 블루 LED
학습 시간	1시간
학습 난이도	중

2 준비물 알아보기

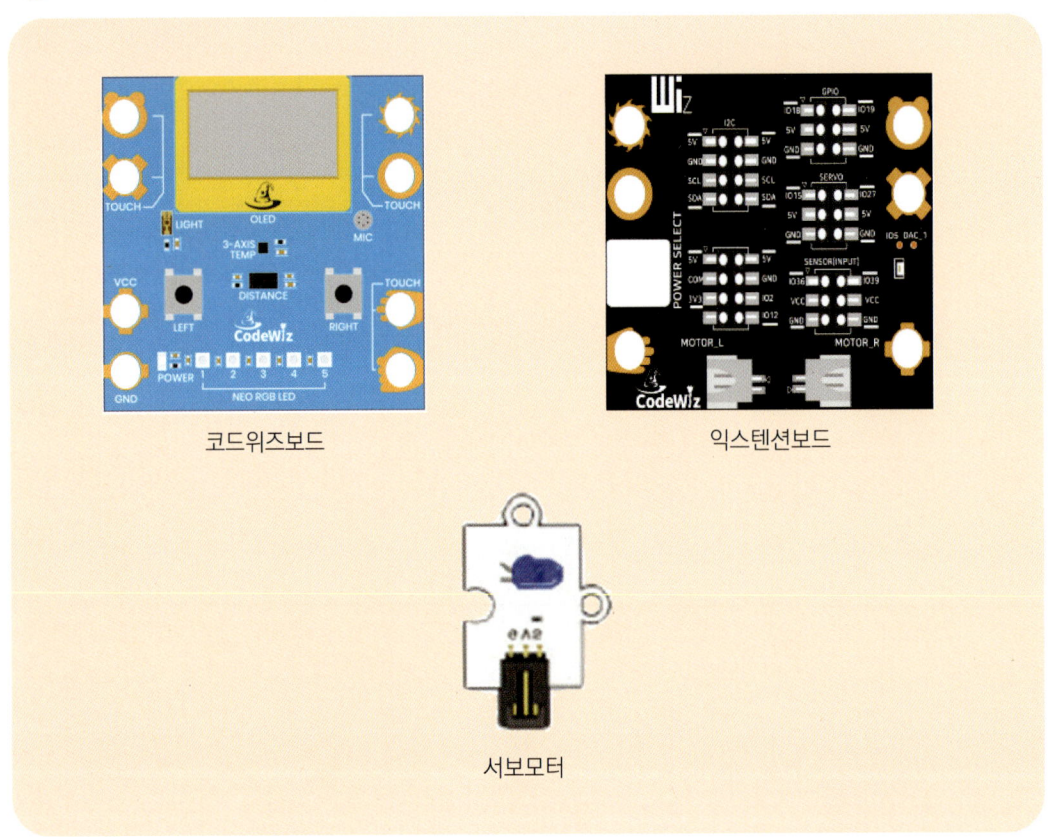

코드위즈보드   익스텐션보드

서보모터

③ 기능 알아보기

1) AI : 자세인식 켜기

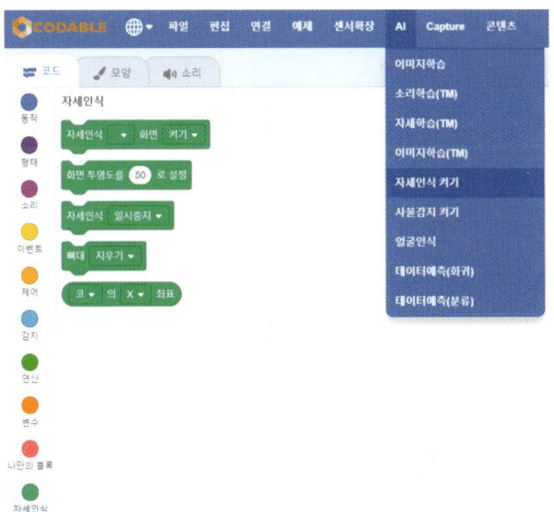

인공지능 자세인식을 활용하여 우리 몸의 부위별 X, Y좌표값을 이용해 몸의 기울기 정도를 파악하여 자세 변화를 측정할 수 있습니다.

2) AI : 자세인식 블록 알아보기

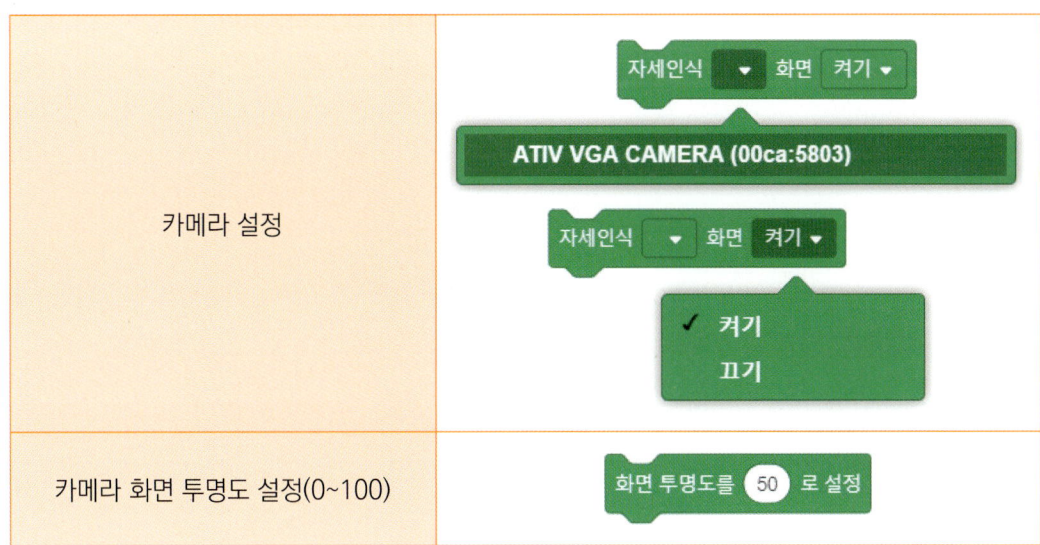

카메라 설정	
카메라 화면 투명도 설정(0~100)	

자세 인식 실행/일시중지	
자세 인식된 점과 점 사이 선 그리기/지우기	
자세 인식 부위별 x, y좌표 설정	

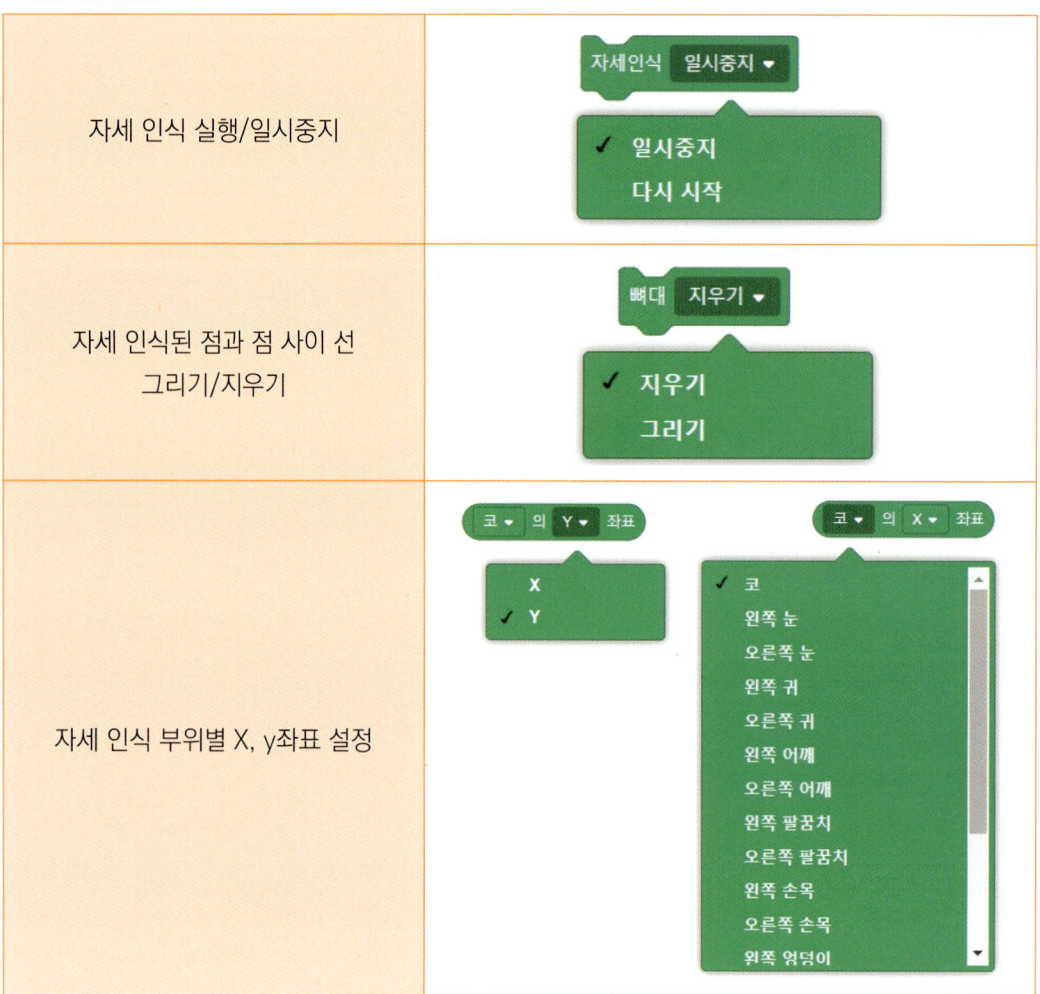

4 회로도 알아보기

블루LED가 깜빡이는 동안 자세유지를 위한 준비를 할 수 있게 알려주도록 하기 위해 회로를 연결했습니다.

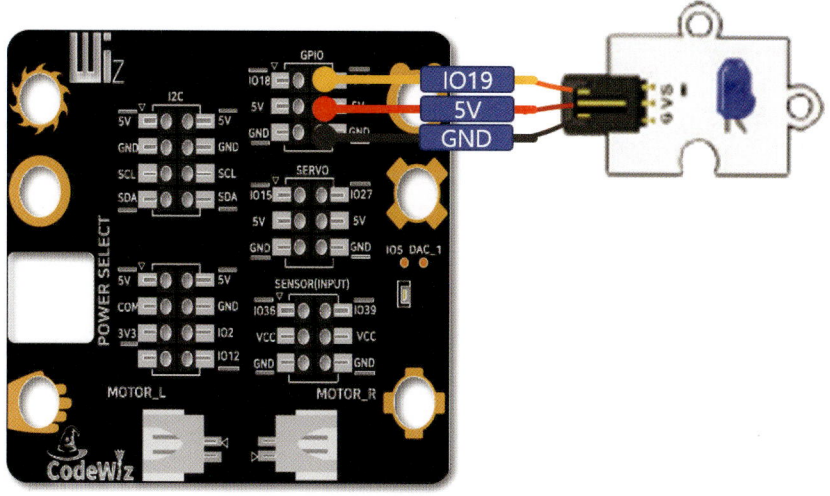

회로도

5 코딩스쿨 코딩하기(기본)

1) 연결하기

[코딩스쿨] 프로그램을 실행하고 코드위즈 보드와 컴퓨터를 USB케이블로 연결 후 코딩스쿨 3.0 프로그램에서 연결메뉴에서 **[코드위즈 연결]**을 선택한 후 **[포트 연결]** 창이 뜨면 **[OK]**를 클릭합니다.

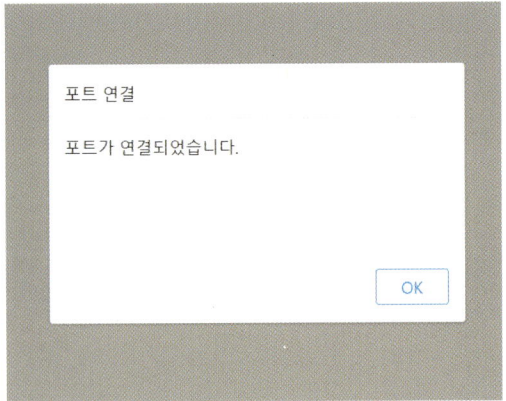

코드위즈의 블록이 생성된 것을 확인합니다.

2) 스프라이트 추가하기

1-1 스프라이트 업로드하기

먼저 모자 스프라이트를 삭제하고, **[스프라이트 업로드하기]**를 누릅니다.

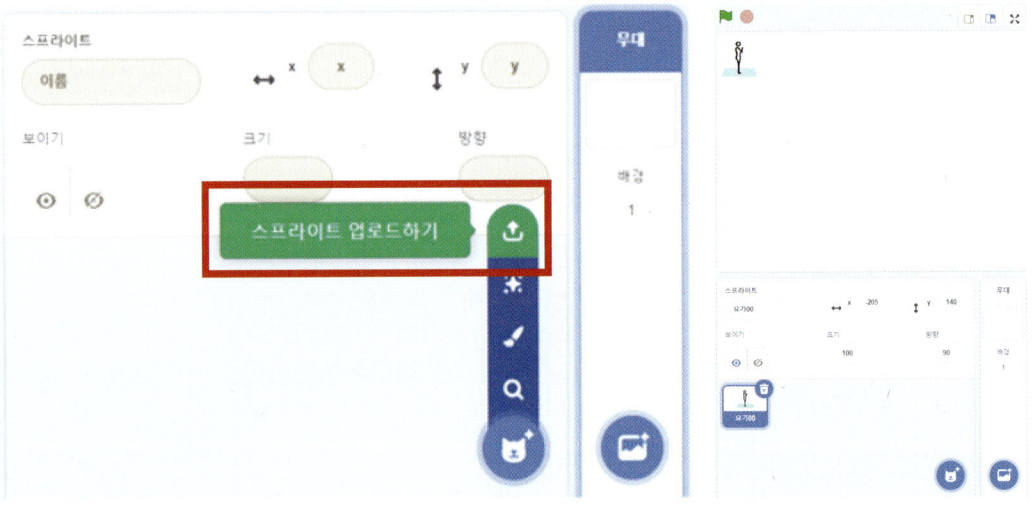

1-2 모양 스프라이트 추가하기

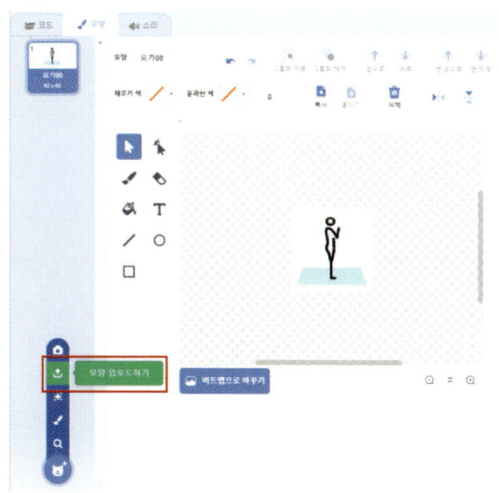

블록 팔레트의 **[모양]** 탭에서 **[모양 업로드 하기]** 를 누릅니다.

다음 모양으로 할 이미지를 선택하여 파일을 업로드해서 하나씩 추가합니다.

[모양] 탭에서는 크기, 색깔 등 이미지를 편집할 수 있습니다.

여러 종류의 이미지를 모양 스프라이트로 업로드할 수 있습니다.

[클릭했을 때] 모양을 첫번째 자세로 만들기위해 모양을 **[요가00]**으로 바꾸기 합니다.

3) 변수 만들기

일정 범위내에서 자세를 유지하는 것을 알 수 있도록 **[자세유지]** 변수를 만듭니다.

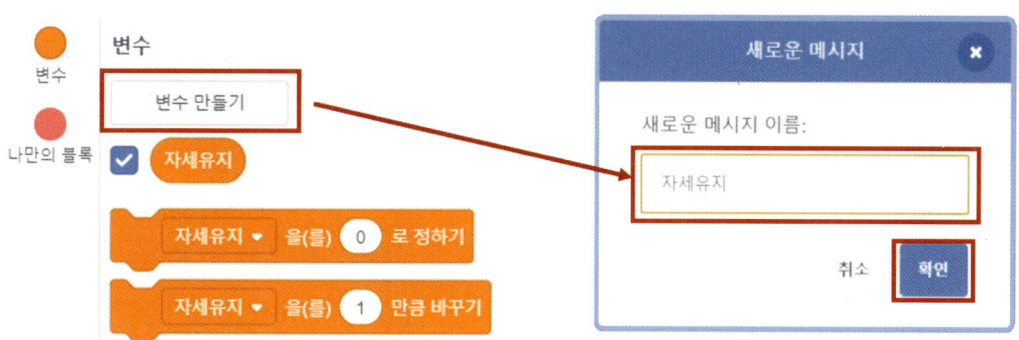

4) 코딩 따라하기

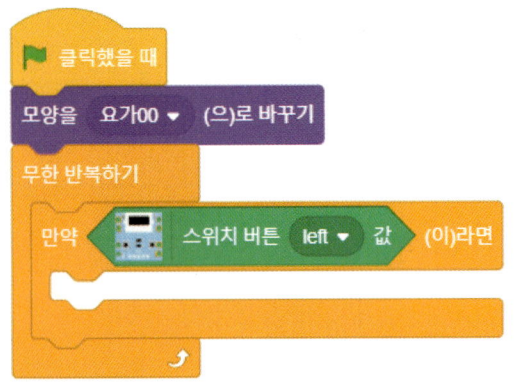

1-1 조건 설정하기

[깃발을 클릭했을 때] 스위치 버튼이 눌러졌는지 아닌지를 계속적으로 판단하기 위해 [무한 반복하기] 블록에 [만약 (이)라면] 조건 블록을 가지고 와서 [스위치 버튼 왼쪽을 눌렀을 때]를 동작할 수 있게 합니다.

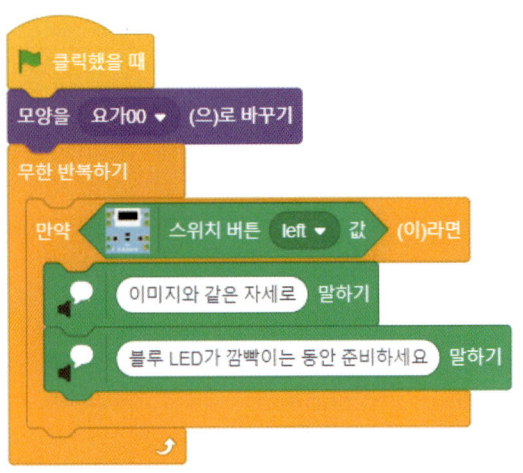

1-2 텍스트 음성변환(TTS) 말하기

스위치 버튼 왼쪽이 눌러졌을 때 [텍스트 음성 변환(TTS)]의 말하기 블록을 사용해 '이미지와 같은 자세로', '블루LED가 깜빡이는 동안 준비하세요'라고 말합니다.

[텍스트 음성 변환(TTS)]

블록 팔레트의 아래 쪽 [확장 기능]에서 [텍스트 음성 변환(TTS)]기능을 선택 후 가져옵니다
입력한 텍스트를 음성으로 변환하여 출력합니다.

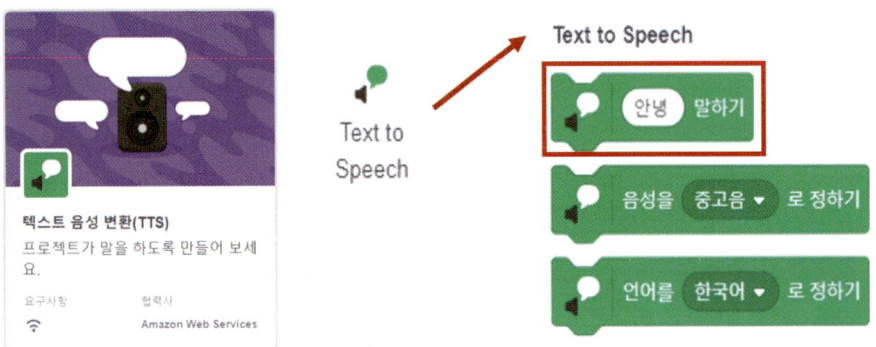

1-3 신호 보내기

스위치 버튼이 눌러졌을 때 TTS 말하는 동안 준비가 되면 메시지로 **[자세잡기]**신호를 보내고 **[이 스크립트]**를 멈춥니다.

[메시지 신호 보내기]

[이벤트] 카테고리의 신호 보내기 블록을 이용하면 새로운 메시지 신호를 만들어 여러 스프라이트의 동작을 맞출 수 있습니다.

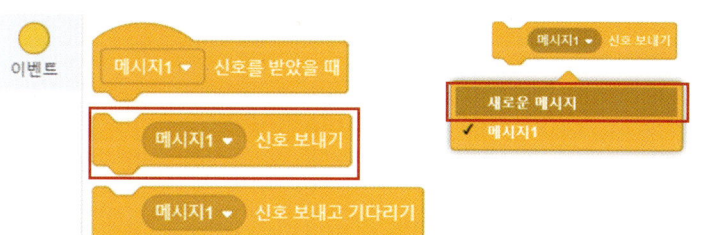
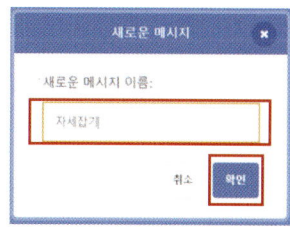

[연산블록]

설명	블록
실수에서 (+)(-)부호를 뺀 값. Ex. |7| = 7	절댓값 ( )
왼쪽 값에서 오른쪽 값을 빼기	( ) - ( )
왼쪽 값이 오른쪽 값보다 크면 결과는 참, 그렇지 않으면 거짓임을 비교	( ) < 50

1-4 신호를 받았을 때

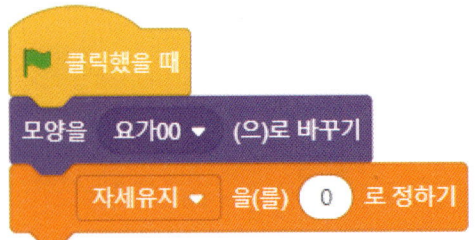

[자세잡기] 신호를 받았을 때 어깨의 높이가 위/아래로 내려가는 자세 인식을 위해 AI 자세인식블록 중 **[오른쪽 어깨 Y좌표][왼쪽 어깨 Y좌표]** 블록을 이용해 연산 블록 조건식을 완성합니다.

📌 높이의 변화에서 아래로 계속 내려가면 음수가 나온다. 위/아래의 높이 변화이지만 그 차이는 거리로 계산해야 하기 때문에 절대값을 사용해서 항상 양수가 나오게 합니다.

자세를 얼마동안 유지할 수 있도록 변수를 사용하기 위해 **[클릭했을 때] [자세유지를 0으로 정하기]** 블록을 위치합니다.

[오른쪽 어깨 Y좌표 - 왼쪽 어깨의 Y좌표< 10] 이라는 조건을 만족하면 **[자세유지]** 변수를 1만큼 바꿉니다.

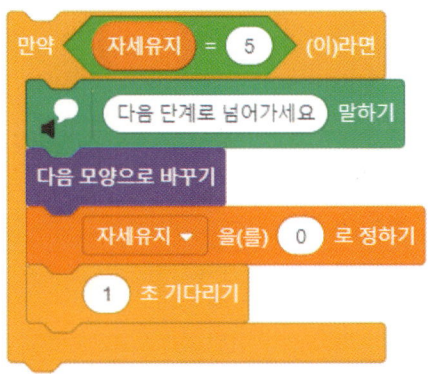

조건을 만족하는 자세를 [자세유지 = 5]가 되면 텍스트 음성 변환으로 '다음 단계로 넘어가세요' 말하고 다음 모양으로 바꾸기 합니다. 자세유지를 처음으로 설정하기 위해 [자세유지를 0으로 정하기] 변수를 사용합니다.

자세유지를 더 오래 하고 싶으면 숫자를 수정해도 됩니다.

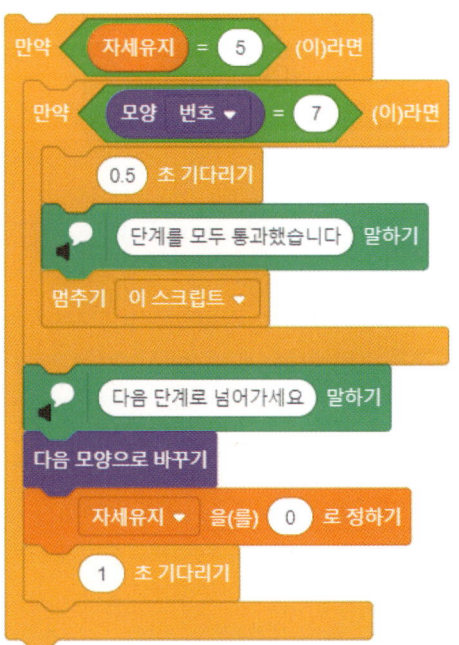

자세가 [모양 = 7]이면 '단계를 모두 통과했습니다'라고 텍스트 음성변환(TTS)으로 말하고 [이 스크립트]를 멈춥니다.

6 센서 확장하기(응용)

1) 블루 LED 추가하기

1-1 코드위즈의 SCON 핀 추가하기

[**스위치 버튼**]이 눌러졌을 때 블루 LED가 켜지고 꺼지는 것을 반복하면서 자세 유지를 위한 준비를 할 수 있도록 알립니다.

[**SCON 디지털 19으로 HIGH/LOW 내보내기**] 블록을 추가하고 [**3번 반복하기**] 블록 안에 위치합니다.

코드위즈의 스피커를 사용하기 위해 먼저 스피커를 초기화 합니다.

스피커 블록의 음과 옥타브, 빠르기는 자유롭게 변경해서 사용할 수 있습니다.

[자세잡기] 신호를 보내기 전 블록 앞에서 실행될 수 있도록 위치합니다.

7 응용하기

1) OLED 사용하기

1-1 OLED 초기화 하기

코드위즈 [OLED] 사용하기 위해서 먼저 [OLED 초기화] 블록을 위치합니다.

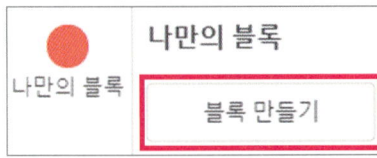

1-2 나만의 블록 사용하기

블럭 팔레트의 [나만의 블록]을 선택 후 [블록 만들기]를 클릭합니다.

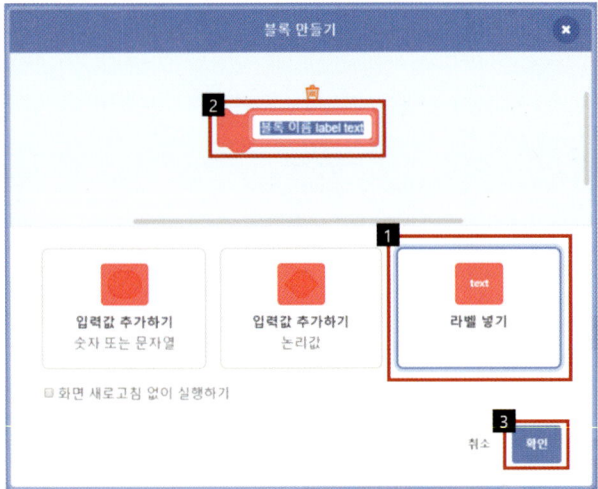

[라벨 넣기]를 클릭 후 만들고 싶은 블록의 이름을 적습니다.
[확인]을 누르고 나오면

내가 만든 나만의 블록이 생성됩니다.

2) OLED 화면 살펴보기

OLED의 가로/세로의 시작점/끝점, OLED 중심 좌표입니다.

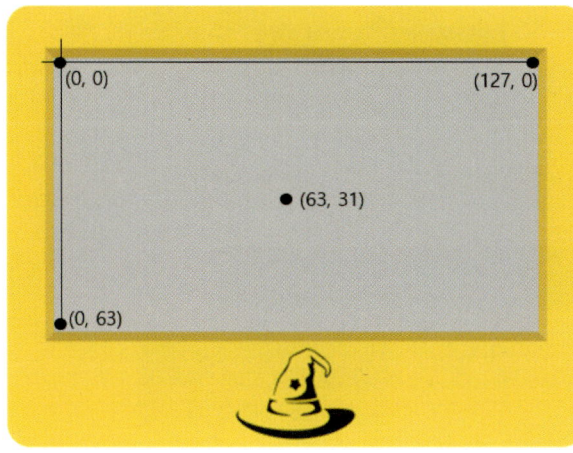

OLED 중심 좌표 (63, 31)에서 반지름이 31인 원을 그린 것입니다.

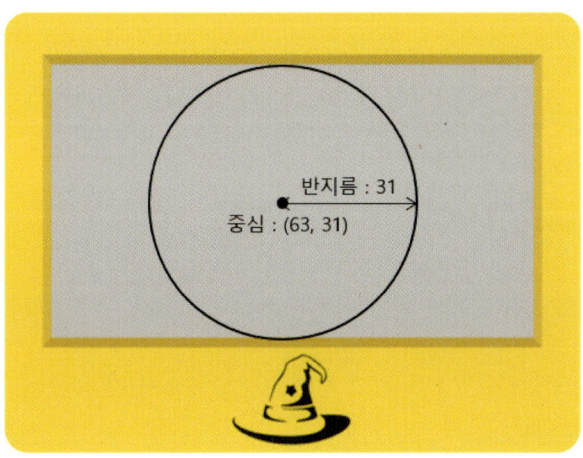

3) OLED 블록 살펴보기

1-1 OLED중심에서 원 그리기

OLED 중심 x, y좌표와 반지름으로 원을 그린 후 채우기를 True/First로 선택합니다.

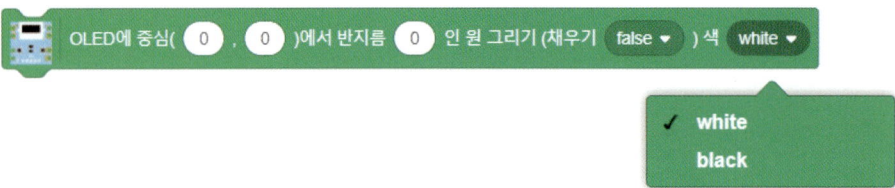

OLED 중심 x, y좌표와 반지름으로 원을 그린 후선 색을 White/black 중 선택합니다.

1-2 수직/수평선 그리기

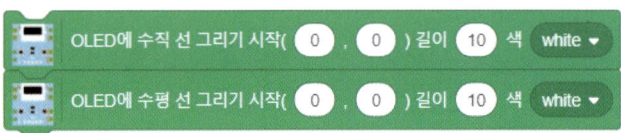

OLED 수직/수평선 그릴 때는 시작 X, Y좌표와 길이를 정한 후 선 색을 White/black 중 선택합니다.

1-3 삼각형 그리기

OLED 에 개의 점을 찍을 수 있는X, Y좌표를 적고 삼각형을 그립니다. 삼각형을 채우기/비우기를 선택하고 색깔을 White/black 중 선택합니다.

1-4 특수기호 출력하기

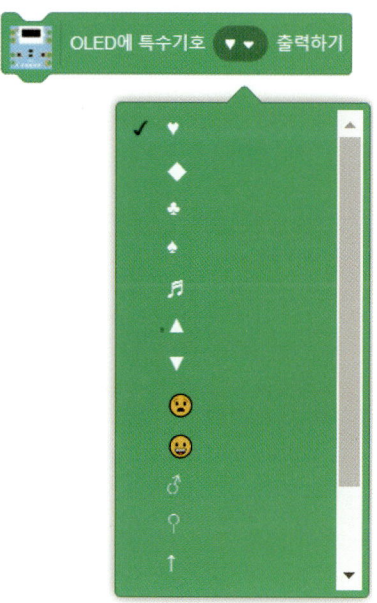

4) 감정 이모티콘 코드 만들기

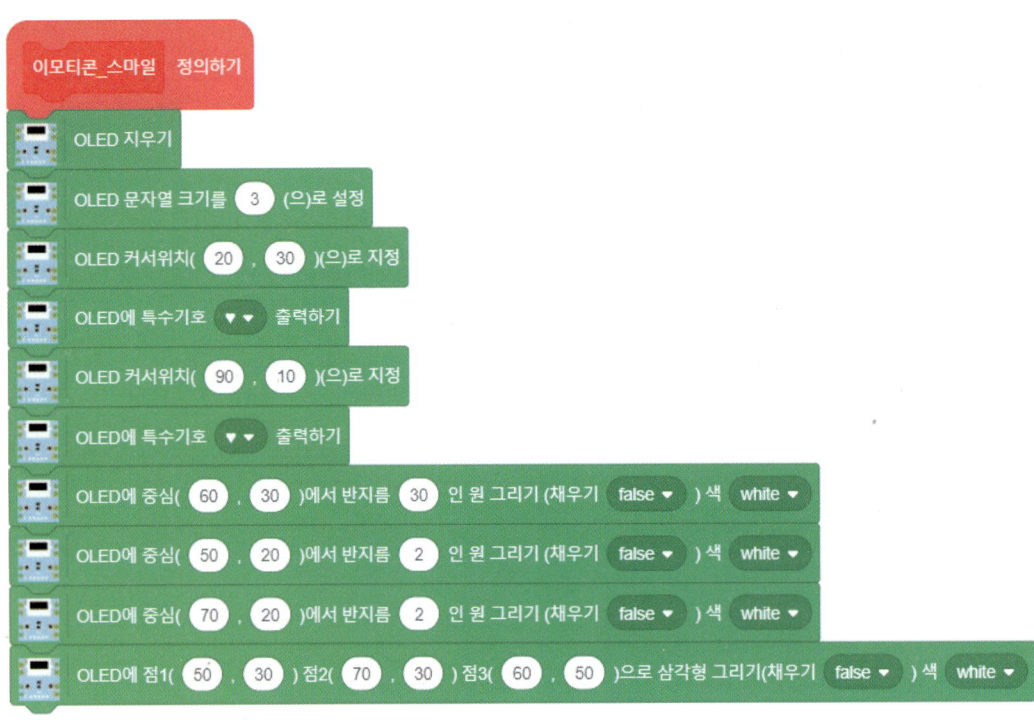

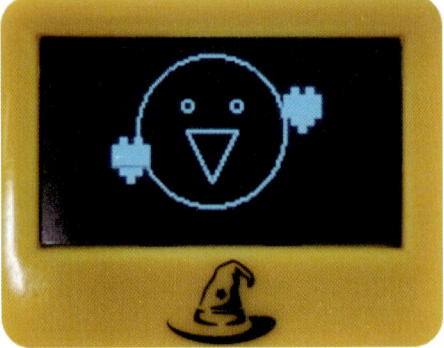

8 전체 알고리즘 정리하기

1) 기본코드 알고리즘

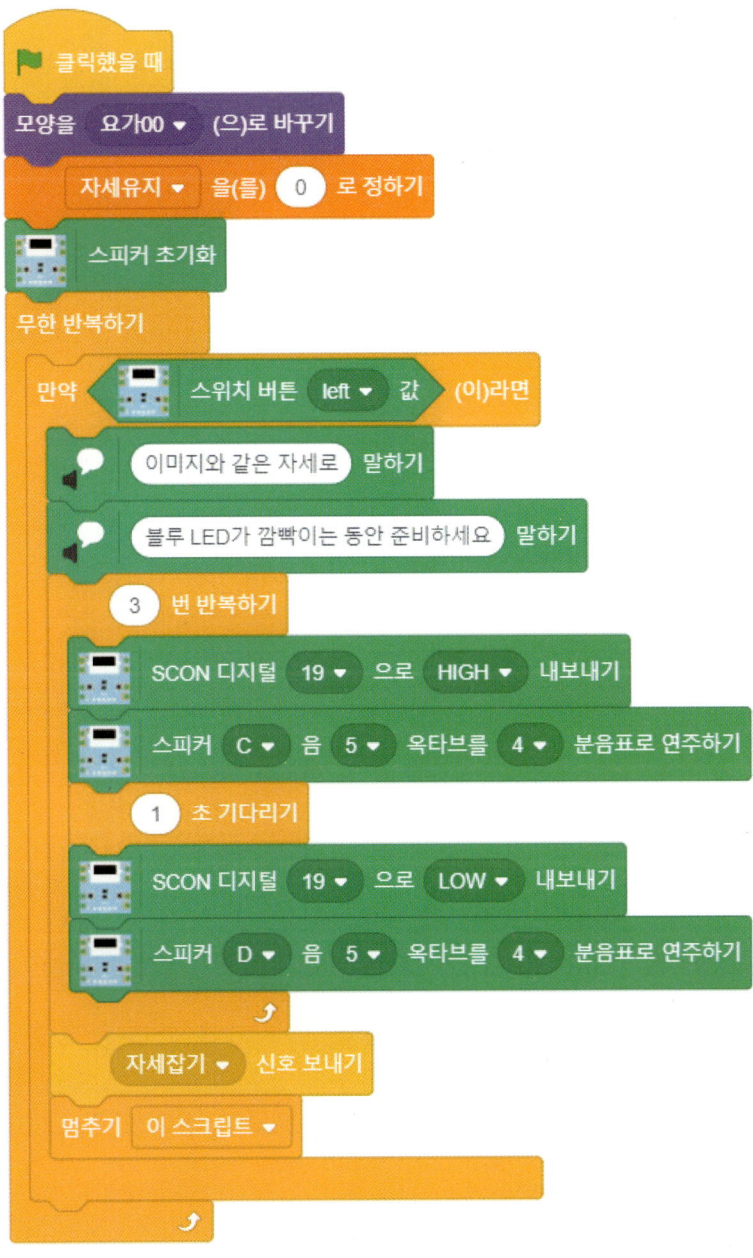

```
[자세잡기 ▼] 신호를 받았을 때
모양을 [요가01 ▼] (으)로 바꾸기
무한 반복하기
    만약 ( 절댓값 ( [오른쪽 어깨 ▼] 의 [Y ▼] 좌표 - [왼쪽 어깨 ▼] 의 [Y ▼] 좌표 ) < 50 ) (이)라면
        1 초 기다리기
        [자세유지 ▼] 을(를) 1 만큼 바꾸기
        만약 ( [자세유지] = 5 ) (이)라면
            만약 ( [모양 번호 ▼] = 7 ) (이)라면
                0.5 초 기다리기
                [단계를 모두 통과했습니다] 말하기
                멈추기 [이 스크립트 ▼]
            
            [다음 단계로 넘어가세요] 말하기
            다음 모양으로 바꾸기
            [자세유지 ▼] 을(를) 0 로 정하기
        1 초 기다리기
```

2) 응용 코드 알고리즘

자세잡기 신호를 받았을 때
- 모양을 요가01 (으)로 바꾸기
- OLED 초기화
- 무한 반복하기
  - 만약 〈 절댓값 (오른쪽 어깨 의 Y 좌표 - 왼쪽 어깨 의 Y 좌표) < 50 〉 (이)라면
    - 1 초 기다리기
    - 자세유지 을(를) 1 만큼 바꾸기
    - 이모티콘_눈물
    - 만약 〈 자세유지 = 5 〉 (이)라면
      - 만약 〈 모양 번호 = 7 〉 (이)라면
        - 0.5 초 기다리기
        - 단계를 모두 통과했습니다 말하기
        - 이모티콘_스마일
        - 멈추기 이 스크립트
      - OLED 지우기
      - 다음 단계로 넘어가세요 말하기
      - 이모티콘_스마일
      - 다음 모양으로 바꾸기
      - 자세유지 을(를) 0 로 정하기
      - 1 초 기다리기
      - OLED 지우기

14장

AI_반려 식물 키우기

14 AI_반려 식물 키우기

1 프로젝트 준비

학습 목표	AI 이미지 학습의 원리를 이해하고 토양수분센서 활용할 수 있다.
프리뷰	이미지 학습, 토양수분센서 측정
핵심키워드	코드위즈 AI 이미지 학습, 토양수분센서
학습 시간	1시간
학습 난이도	중

2 준비물 알아보기

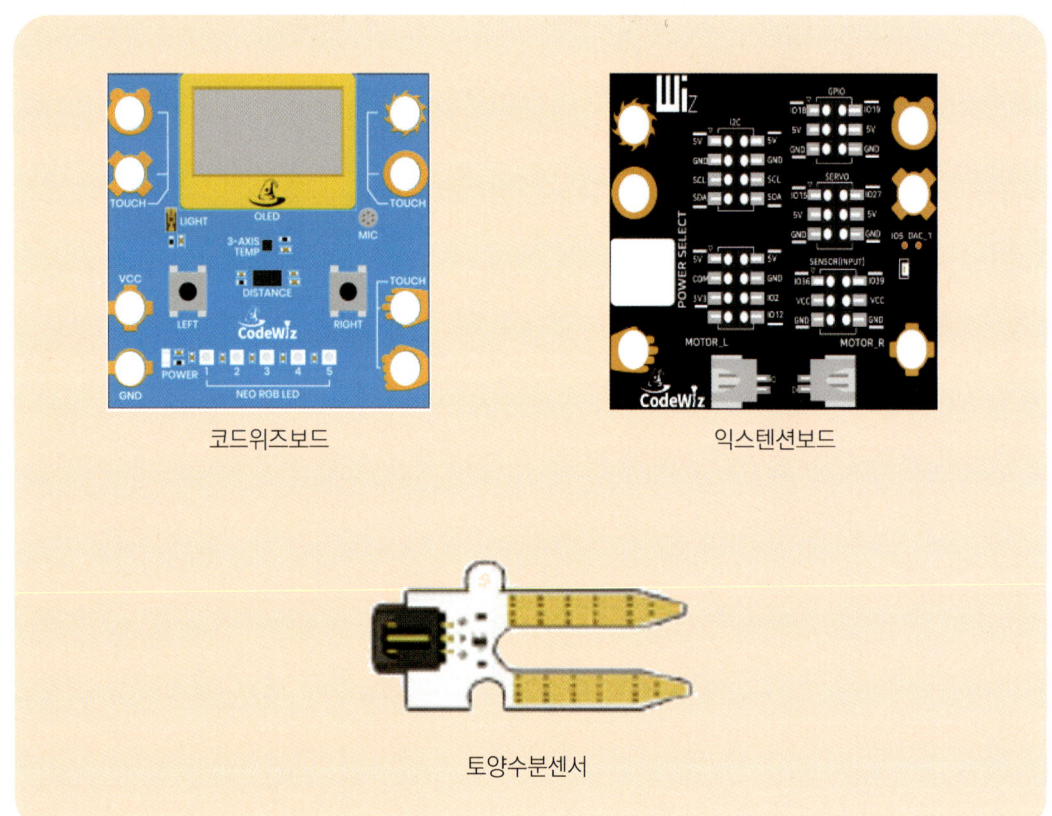

코드위즈보드   익스텐션보드

토양수분센서

3 기능 알아보기

1) AI : 이미지 학습

인공지능 이미지 학습을 이용해 다양한 이미지를 학습시키고 이미지에 따라 동작할 수 있습니다.

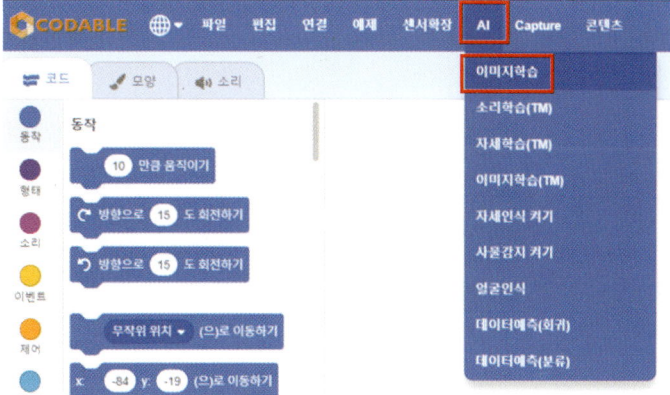

코드위즈 AI 이미지 학습 모델을 기본 3개 이면 학습시킬 이미지로 model 이름을 바꿉니다. 학습 할 이미지는 [캡쳐]하거나 [이미지 가져오기]로 불러와 학습시키고 [인식결과]에서 학습 모델을 확인합니다.

2) AI : 이미지 학습 블록 알아보기

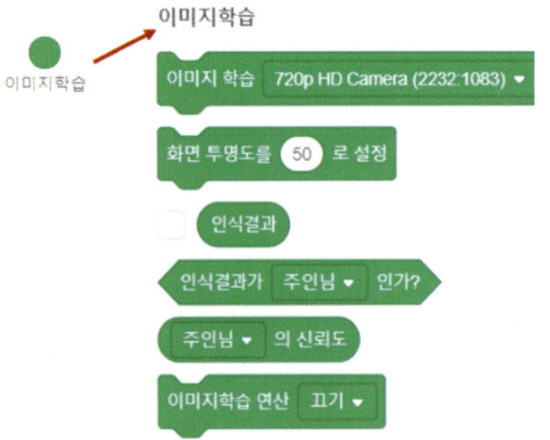

이미지를 학습 시킨 후 저장을 누르고 나오면 [이미지 학습] 카테고리가 추가된 것을 확인할 수 있습니다.

📌 코드위즈 [AI 이미지 학습] 프로젝트 불러오기(저장된 파일 불러오기)

① 코드위즈를 연결합니다. 코드위즈 블록이 생성됩니다.

② 메뉴 표시줄에서 AI [이미지 학습]을 눌러 모델을 학습할 수 있는 창을 띄웁니다.

③ [이미지 학습]창이 뜨면 3개의 모델창에 현재 화면을 캡쳐(캡쳐는 1장도 가능) 후 [적용]을 눌러 창을 닫습니다.

④ 메뉴 표시줄에서 [파일] → [컴퓨터에서 불러오기]에 이미지 학습한 프로젝트를 불러오면 됩니다. 이 단계를 거치지 않고 바로 불러오기 할 경우 경고 창이 뜨거나 블록이 없는 프로젝트가 나옵니다.

---

3) 거리센서 알아보기

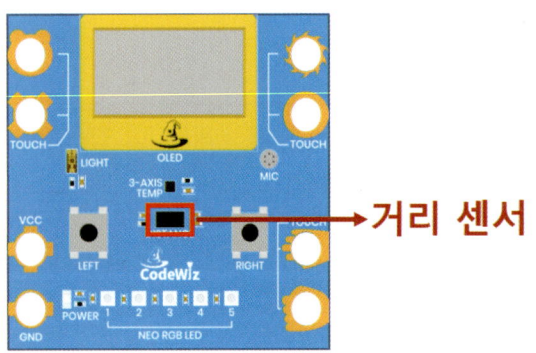

→ 거리 센서

코드위즈의 거리센서는 중앙에 위치하고 있습니다. 사물까지의 거리를 감지하는 센서로 30 ~ 2000(mm) 단위로 측정합니다.

4 회로도 알아보기

토양의 수분을 감지하여 수분의 양을 측정하여 물이 부족하면 주인님을 불러 '물을 주세요'라고 텍스트 음성변환(TTS)으로 말을 합니다.

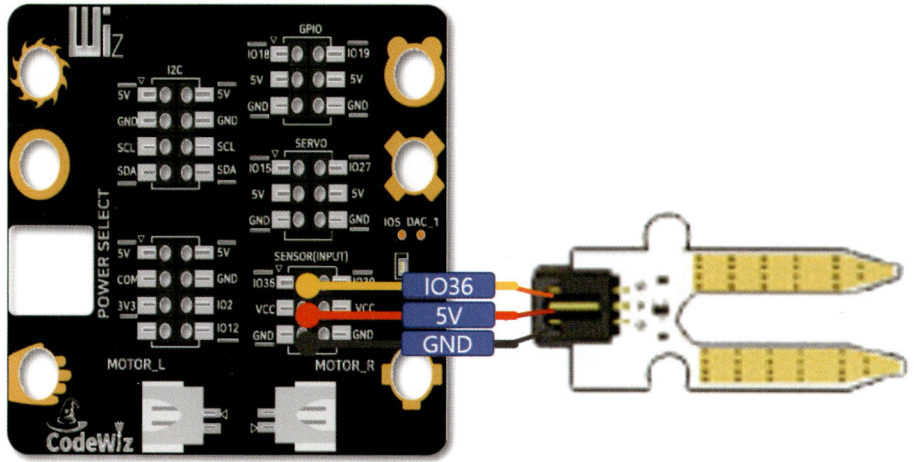

회로도

5 코딩스쿨 코딩하기(기본)

1) 연결하기

[코딩스쿨] 프로그램을 실행하고 코드위즈 보드와 컴퓨터를 USB케이블로 연결 후 코딩스쿨 3.0 프로그램에서 연결메뉴에서 [코드위즈 연결]을 선택한 후 [포트 연결] 창이 뜨면 [OK]를 클릭합니다.

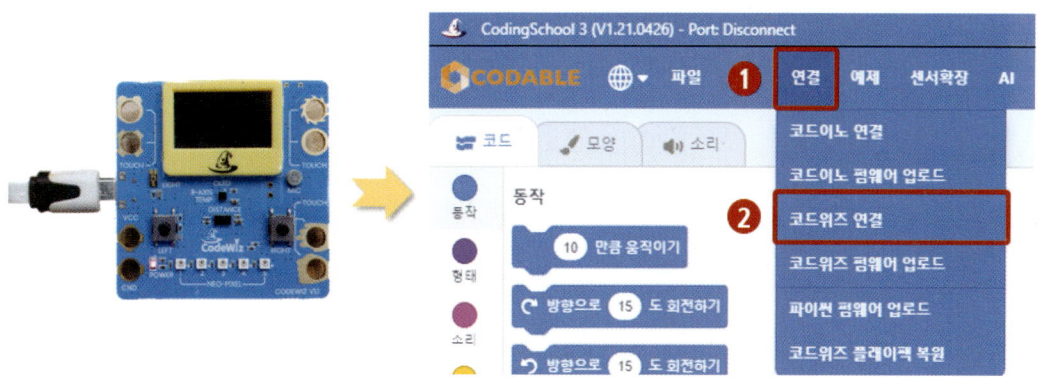

14장 AI_반려 식물 키우기 **249**

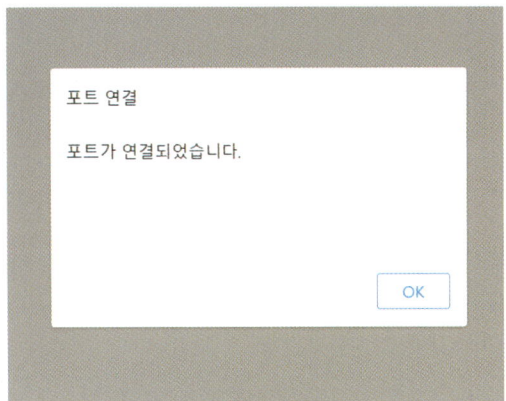

코드위즈의 블록이 생성된 것을 확인합니다.

2) 거리센서 값 확인하기

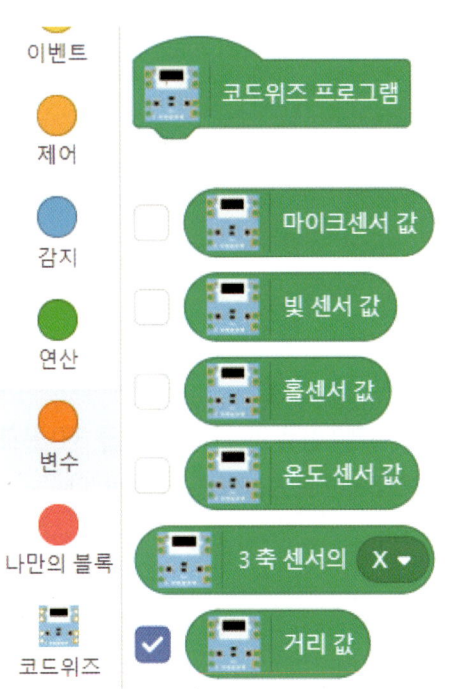

코드위즈 프로그램 블록의 **[거리 값]** 체크박스를 클릭합니다.

[거리 값]은 무대 영역에서 확인할 수 있습니다.

| 거리가 가까울 때 | 거리가 멀 때 |

3) 코딩 따라하기

1-1 스프라이트 고르기

원하는 스프라이트를 선택하세요.

1-2 이미지 학습하기

메뉴 표시줄 AI탭에서 [이미지 학습]을 선택합니다. 학습시킬 이미지를 [캡처]하거나 [이미지 가져오기]로 모델을 학습을 합니다.

이미지 데이터가 많을수록 정확한 모델을 학습시킬 수 있습니다. 학습시킨 모델의 신뢰도를 확인했으면 [적용]을 눌러 창을 닫습니다.

1-3 이미지 학습 설정하기

녹색 깃발을 클릭했을 때 [이미지 학습 (카메라) 화면 켜기]와 [화면 투명도 50로 설정] 블록을 연결합니다.
투명도는 0~100 사이의 숫자로 설정할 수 있으며 100으로 갈수록 점점 투명하게 되어 뚜렷한 화면을 볼 수 있습니다.

1-4 조건 만들기

만약 거리센서의 [거리 값이 < 300]이라면 참인 경우 다음 동작을 실행합니다.

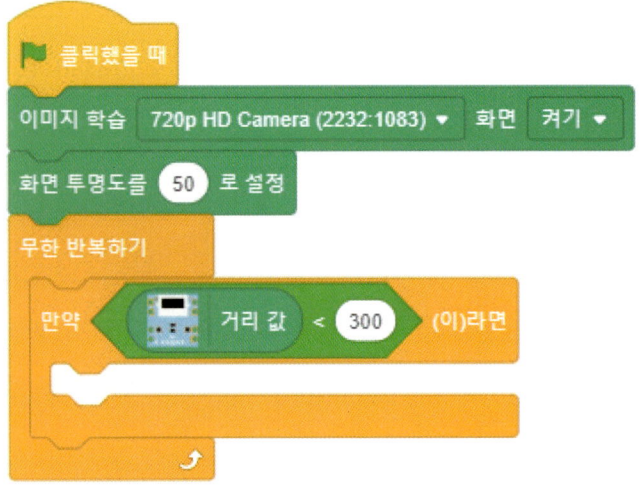

1-5 이미지 학습 모델 불러오기

이미지 학습의 [인식결과가~ 인가] 블록을 [만약 ~(이)라면] 조건 블록에 연결합니다.

1-6 텍스트 음성변환(TTS) 말하기

입력한 텍스트를 음성으로 변환하는 기능르로 이미지 학습모델의 결과가 [주인님], [식물], [애완동물] 이면 입력된 내용을 말합니다.

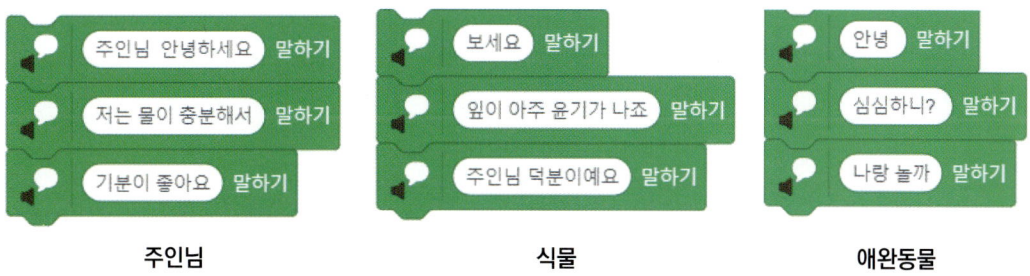

주인님   식물   애완동물

6 센서 확장하기(응용)

1) 토양수분센서 추가하기

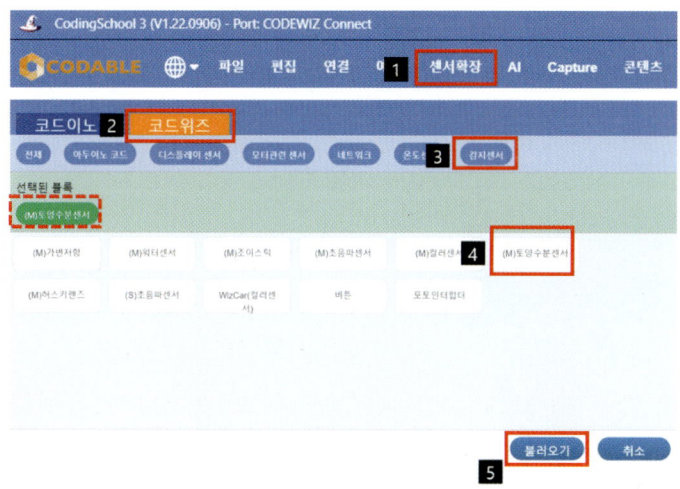

1-1 센서 불러오기

메뉴 표시줄에서 [센서확장]에서 코드위즈 감지센서 중 [(M)토양수분센서]를 불러옵니다.

14장 AI_반려 식물 키우기 253

1-2 MCON 핀 사용하기

블록 팔레트에 (M)토양수분센서 블록이 생성된 것을 확인합니다.
회로도에서 IO36에 연결하였으므로 핀 번호를 36번으로 변경해 줍니다.

1-3 조건 만들기

토양의 수분량을 측정하고 일정 수분량 이하면 다음 동작을 할 수 있도록 합니다.

📌 토양수분센서 측정 값(0~1023)

1-4 네오픽셀, TTS 실행하기

[MCON 토양수분센서 pin 36의 측정값]이 400보다 작으면 네오픽셀을 빨간색으로 켜고 물이 부족함을 알리고, 400보다 많으면 네오픽셀을 파란색으로 켜고 고맙다는 말을 하도록 합니다.

 **응용하기**

1) 조건 만들기

토양수분센서 값 > 600 이고 거리 값이 < 300 일 때 조건 만들기

| 조건1과 조건1가 모두 참이면 결과는 참이 되고, 그렇지 않으면 거짓임을 논리적으로 판단 |  |

2) 이미지 학습모델 인식하기

8 전체 코드 알고리즘

1) 기본코드 알고리즘

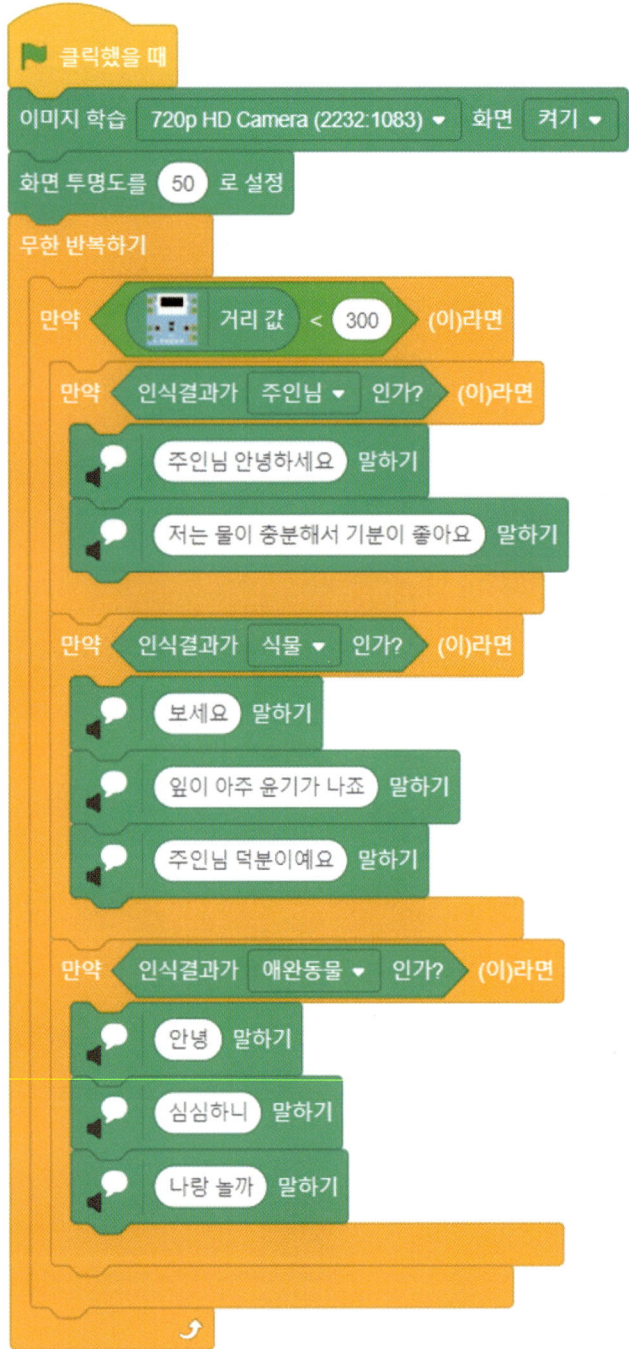

2) 응용 코드 알고리즘

[토양수분센서]

```
[깃발] 클릭했을 때
이미지 학습 USB2.0 PC CAMERA (18ec:3399) ▼  화면 켜기 ▼
화면 투명도를 50 로 설정
무한 반복하기
    MCON 토양수분센서 pin 36 ▼ 의 측정값 말하기
    10 만큼 움직이기
    다음 모양으로 바꾸기
    벽에 닿으면 튕기기
    만약 MCON 토양수분센서 pin 36 ▼ 의 측정값 > 600 그리고 거리 값 < 300 (이)라면
        만약 인식결과가 주인님 ▼ 인가? (이)라면
            주인님 안녕하세요 말하기
            저는 물이 충분해서 말하기
            기분이 좋아요 말하기
        만약 인식결과가 식물 ▼ 인가? (이)라면
            보세요 말하기
            잎이 아주 윤기가 나죠 말하기
            주인님 덕분이예요 말하기
        만약 인식결과가 애완동물 ▼ 인가? (이)라면
            안녕 말하기
            심심하니? 말하기
            나랑 놀까 말하기
```

15장

AI_재미로 보는 관상

15 AI_재미로 보는 관상

1 프로젝트 준비

학습 목표	AI 얼굴 인식 모델을 이용할 수 있고 인체감지센서를 활용할 수 있다.
프리뷰	얼굴인식 학습모델 이용, 인체감지센서 활용
핵심키워드	코드위즈 AI 얼굴인식, 인체감지센서
학습 시간	1시간
학습 난이도	중

2 준비물 알아보기

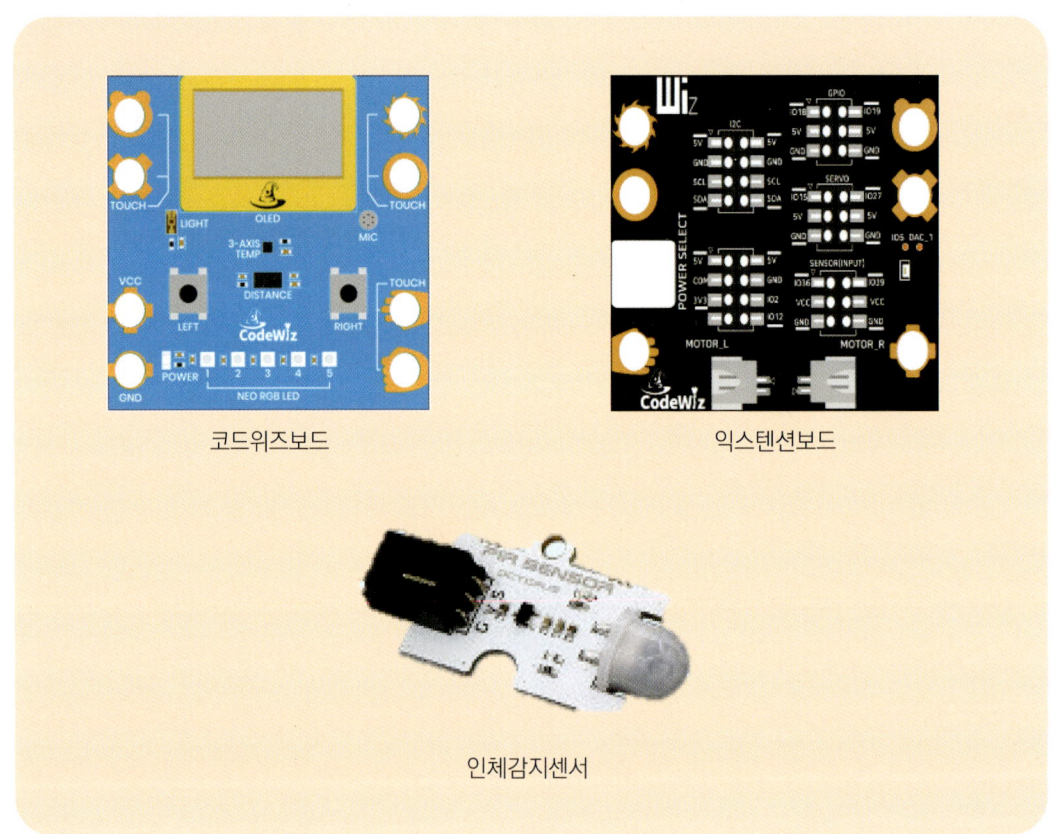

코드위즈보드   익스텐션보드

인체감지센서

3 기능 알아보기

1) AI : 얼굴 인식

인공지능 얼굴 인식은 이미 학습된 모델로 얼굴을 인식해 나이, 성별, 감정을 예측할 수 있습니다.

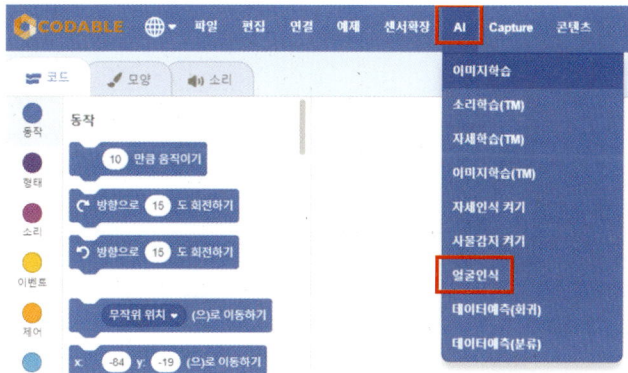

2) AI : 얼굴 인식 블록 알아보기

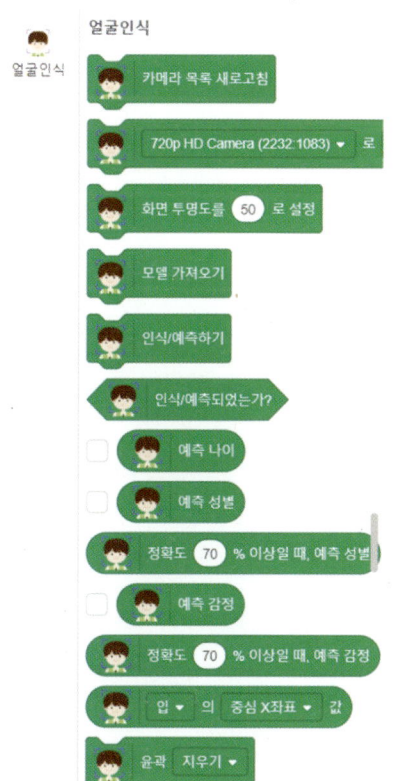

메뉴 표시줄 AI탭에서 **[얼굴 인식]**을 선택하면 얼굴 인식 관련 블록들을 확인할 수 있습니다.

이미 학습된 모델을 불러오는 **[모델 가져오기]** 블록과 **[인식/예측하기]** 블록을 이용하면 AI 얼굴 인식 기능을 시작할 수 있습니다.

아래 이미지는 얼굴 인식 블록 중 **[예측 감정]**을 이용했습니다.

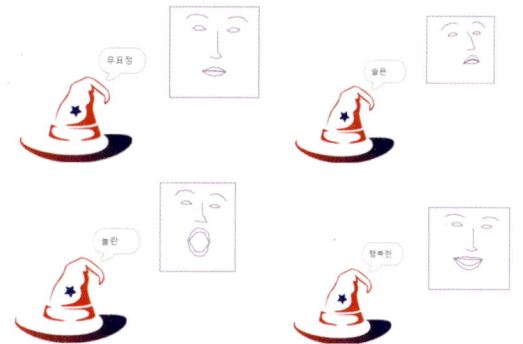

15장 AI_재미로 보는 관상 **265**

4 회로도 알아보기

인체센서감지센서를 감지 유무에 따라 AI 얼굴 인식 기능을 시작할 수 있도록 하기 위해 코드위즈 익스텐션 보드 IO18 핀에 연결합니다.

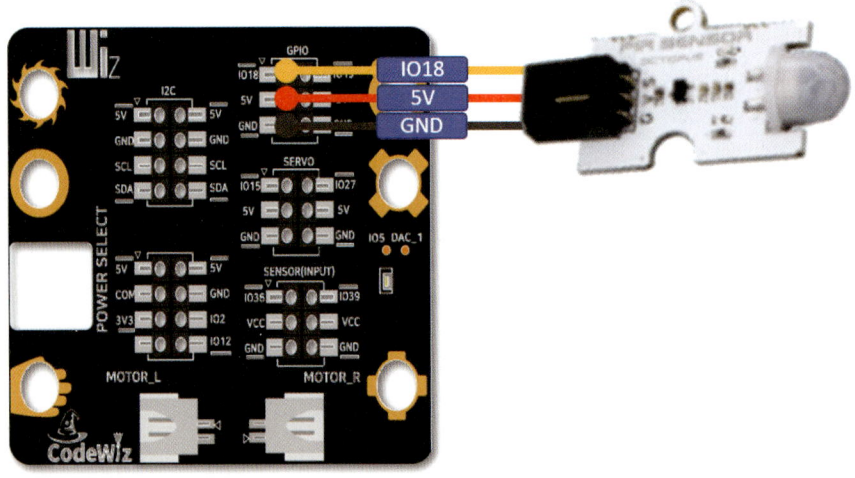

회로도

5 코딩스쿨 코딩하기(기본)

1) 연결하기

[코딩스쿨] 프로그램을 실행하고 코드위즈 보드와 컴퓨터를 USB케이블로 연결 후 코딩스쿨 3.0 프로그램에서 연결메뉴에서 [코드위즈 연결]을 선택한 후 [포트 연결] 창이 뜨면 [OK]를 클릭합니다.

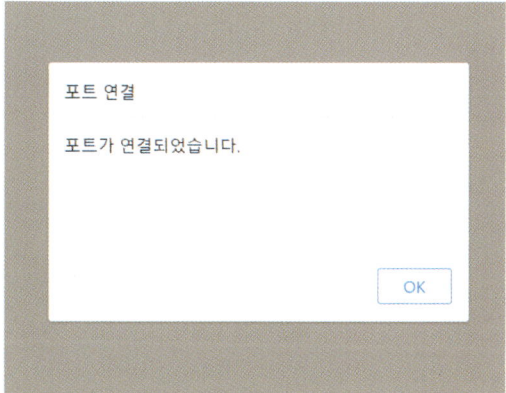

코드위즈의 블록이 생성된 것을 확인합니다.

2) 스프라이트 추가하기

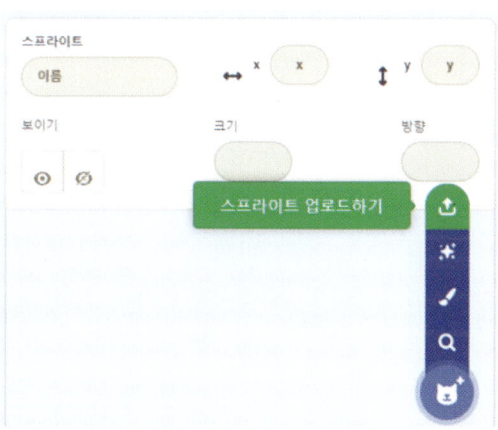

[재미로 보는 관상]프로젝트를 실행하기 위해 미리 준비한 스프라이트를 업로드 합니다.
먼저 Wizard Hat 스프라이트는 삭제를 하고 [스프라이트 고르기]에서 [스프라이트 업로드하기]를 선택합니다.

업로드 할 파일 [동물_토끼01], [테두리_토끼상] 이미지를 불러옵니다.

각각의 스프라이트에서 블록 팔레트의 [모양]탭 [모양 업로드하기]를 눌러 다음 모양들도 하나씩 추가합니다.(shift 키 또는 ctrl 키를 이용하면 이미지를 한꺼번에 불러올 수 있습니다.)
마지막으로 1번 모양을 복사한 뒤 이미지를 지우고 이미지가 없는 [없음] 모양을 만들어주세요.

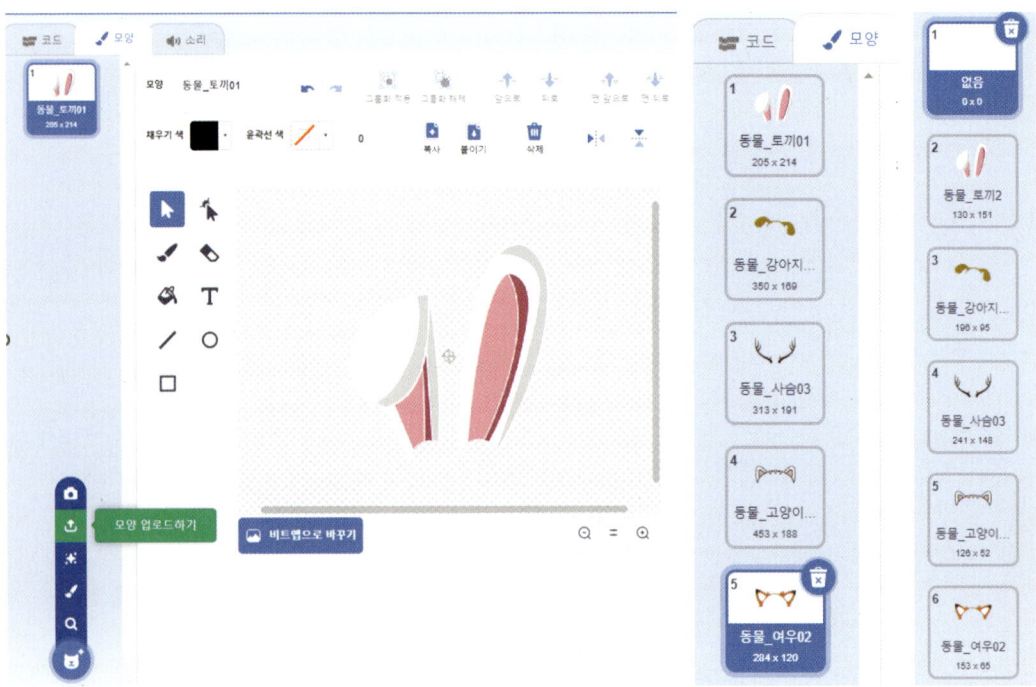

3) 코딩 따라하기

1-1 얼굴 인식 설정하기

녹색 깃발을 클릭했을 때 [(카메라)로 켜기]와 [화면 투명도를 50로 설정] 블록을 연결합니다. 투명도는 0~100 사이의 숫자로 설정할 수 있으며 100으로 갈수록 점점 불투명해지는 화면을 볼 수 있습니다.

1-2 조건 만들기

학습한 모델을 가져오면 [인식/예측하기] 계속 할 수 있도록 [무한 반복] 블록 안에 연결합니다. [만약 ~ (이)라면] 조건 블록에 [인식/예측되었는가]라면 조건을 실행 하도록 합니다.

1-3 얼굴 인식/예측하기

인식/예측되면 스프라이트가 있는 무대 위에 얼굴 윤곽을 그리고 [x:왼쪽 눈의 중심 X좌표 값 y:오른쪽 눈의 중심 X 좌표 값 + 20] 만큼 이동합니다.

1-4 얼굴 인식/예측 감정 말하기

[형태]의 [~을(를) 2초 동안 말하기] 블록을 이용해 [예측 감정]을 표시합니다.

6 센서 확장하기(응용)

1) 인체감지센서 추가하기

1-1 센서 불러오기

메뉴 표시줄의 **[센서확장]**에서 코드위즈 감지센서 중 **[포토인터럽터]**를 불러오기 합니다.

1-2 센서 사용하기

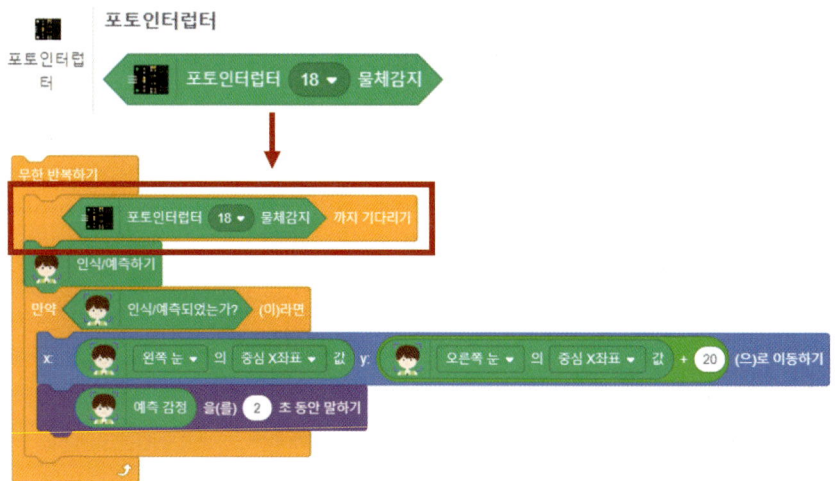

외부 입력센서인 **[인체감지센서]**를 코드위즈 익스텐션 보드에 활용하기 위해 감지센서 블록 **[포토인터럽터]**를 불러왔습니다.

AI 얼굴인식 모델을 가져와 인식/예측하기 전에 **[~까지 기다리기]** 조건을 만족하면 실행할 수 있도록 **[포토인터럽터 18 물체감지]** 블록을 연결합니다.

7 응용하기

1) 알림음 만들기

코드위즈의 스피커를 이용하여 [포토인터럽터] 블록이 물체를 감지하면 알 수 있도록 소리를 냅니다.

스피커를 사용하기 위해서는 먼저 [스피커 초기화]를 하고 원하는 음을 낼 수 있도록 조절합니다.

2) 무작위로 모양 바꾸기

연산 블록 [1 부터 10 사이의 난수] 블록을 이용하여 모양이 무작위로 바뀔 수 있도록 합니다.

15장 AI_재미로 보는 관상 **271**

3) 예측 감정을 말하고 신호 보내기

4) 신호를 받았을 때

1-1 스프라이트 추가하기

신호를 받았을 때 모양에 맞는 내용이 나올 수 있도록 스프라이트를 추가합니다. [녹색 깃발을 클릭했을 때] 모양이 보이지 않도록 숨기기 합니다.

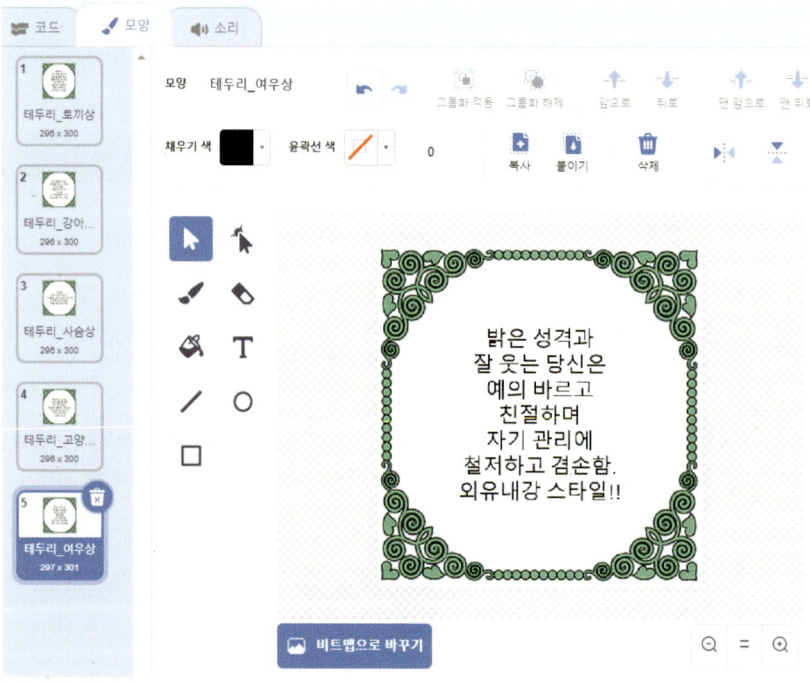

1-2 [신호를 받았을 때] 내용 보이기

모양에 맞는 내용이 보이도록 **[모양 바꾸기]**하고 **[5초 기다린 후]** 모양을 **[숨기기]**합니다.

 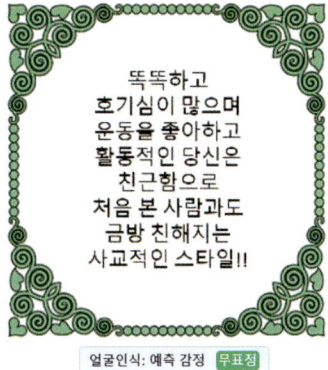

8 전체 코드 알고리즘

1) 기본 코드 알고리즘

2) 응용 코드 알고리즘

```
🏁 클릭했을 때
숨기기
```

```
토끼상 ▼ 신호를 받았을 때
보이기
모양을 테두리_토끼상 ▼ (으)로 바꾸기
5 초 기다리기
숨기기
```

```
강아지상 ▼ 신호를 받았을 때
보이기
모양을 테두리_강아지상 ▼ (으)로 바꾸기
5 초 기다리기
숨기기
```

```
사슴상 ▼ 신호를 받았을 때
보이기
모양을 테두리_사슴상 ▼ (으)로 바꾸기
5 초 기다리기
숨기기
```

```
고양이상 ▼ 신호를 받았을 때
보이기
모양을 테두리_고양이상 ▼ (으)로 바꾸기
5 초 기다리기
숨기기
```

```
여우상 ▼ 신호를 받았을 때
보이기
모양을 테두리_여우상 ▼ (으)로 바꾸기
5 초 기다리기
숨기기
```

    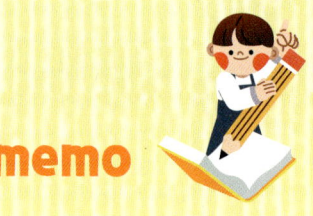